香奈儿

硬气是我的底色

紫惠◎著

台海出版社

图书在版编目（CIP）数据

香奈儿：硬气是我的底色 / 紫惠著. -- 北京：台
海出版社, 2019.12
ISBN 978-7-5168-2501-3

Ⅰ.①香… Ⅱ.①紫… Ⅲ.①夏内尔(Chanel,
Gabrielle 1883-1971)—传记 Ⅳ.①K835.655.7

中国版本图书馆CIP数据核字（2019）第271187号

香奈儿：硬气是我的底色
Xiangnai'er : Yingqi Shi Wo de Dise

著　　者：紫　惠

责任编辑：王　萍　　　　　　装帧设计：李爱雪
版式设计：阎万霞　　　　　　责任印制：蔡　旭

出版发行：台海出版社
地　　址：北京市东城区景山东街20号　邮政编码：100009
电　　话：010—64041652（发行，邮购）
传　　真：010—84045799（总编室）
网　　址：www.taimeng.org.cn/thcbs/default.htm
E－mail：thcbs@126.com

经　　销：全国各地新华书店
印　　刷：北京彩虹伟业印刷有限公司
本书如有破损、缺页、装订错误，请与本社联系调换

开　　本：710mm×960mm　1/16
字　　数：200千字　　　　　　　印　张：16
版　　次：2019年12月第1版　　　印　次：2019年12月第1次印刷
书　　号：ISBN 978-7-5168-2501-3

定　　价：39.80元

前　言

她说：请把你的衬衫给我．我要去骑马。

她说：我要去我该去的地方，去征服一切。

她说：青春永驻的秘密，唯有艺术和诗。

她说：骄傲犹如一条阿里阿德涅之线，能时时引领我找到自己。

她说：我深爱的两个男人，但当他们要结婚时，我只能尽力让他们娶别人。

她说：公爵夫人可以有很多，但香奈儿只有一个。

她说：是我选择香水，而不是香水选择我，这也是一种独立和自由。

她说：时尚存在于空气中，是风带来了时尚，我们推动着它，呼吸着它；时尚存在于苍穹之顶，也存在于碎石路面；时尚无处不在，它是一道风景，是一种心灵的状态。

她说：曾经，我为全世界设计服装，而现在它仿佛赤身裸体……

她说：有生之年，我不会休息。

她说：我的一生就是一段无限延展的童年。

……

她就是香奈儿。

一个伟大的女人，一个可怜的女人；

一个幸运的女人，一个不幸的女人。

自由，是她一生的追求，也是她本身。

她生来就不被命运眷顾，伴随着一声啼哭，来到世上，在那个生她养她的卢瓦尔河畔受尽了困苦和耻辱。

寄人篱下，她拿起面包毅然走进厕所，享受属于自己的自由。

在无数个黑暗的夜里拼命挣扎，而命运又将她狠狠按住。

身为孤女的她，从小便自力更生，在社会底层艰难地生活着。

幸而她无比坚强，骨子里透着倔强。

一朵盛开的山茶，成为照亮她生命的一束微光。

她讨厌低声下气，卑躬屈膝，没有尊严地活着，而要保全自己的尊严，就要获得绝对的独立和自由。

金钱不是万能的，但它却是万能的钥匙，同样也能开启独立和自由之门。

于是，她开始想方设法地工作，依靠自己的能力养活自己。

她将自己的热情和天赋、精力和时间毫无保留地用在事业上。从一顶帽子开始，她吸引了全世界的目光。

她赋予了时装新的灵魂，也教会了女性如何正确地追求美和时尚。

她告诉女性，你可以穿不起香奈儿，但你必须有一件衣服，叫作自我。

时尚是个性自由，优雅是姿态独立。

女人要想迷人，首先得是一个谜。

她钟爱黑色，黑色神秘、庄严、幽深、典雅，是万物伊始，也是万物归宗。

她将自己装扮成亘古尘封的秘密，让人看不透，摸不清。

因为挚爱的离去，她许下"让全世界女人穿上小黑裙"的爱之誓言。

而今，小黑裙已然成了全世界女人的梦，简单、纯粹、优雅，魅力无穷。

黑色包容一切，白色亦然。

黑与白，是世间最简单的色彩，却也是最极致的存在。

白色纯洁，如少女般清纯质朴，美妙动人。

于是，她开创了纯真的白段子年代。

两种祭奠之色，被香奈儿搬上时尚的舞台，转而成为无法超越的经典。

她凭借独特的设计理念和废寝忘食的工作，打造了属于自己的时装王国，但她依旧没有停止创造的脚步，没有停止为自由和独立而战。

闪耀着星河之光的钻石，倾倒了巴黎的夜空，为女性披上了一身星辉。

方形玻璃瓶中晶莹的5号香水，唤醒了人们沉睡的内心和潜藏的魅力。

5种颜色，4双鞋子，带你周游世界，从早到晚，美丽如影随形。

菱格纹包包，精致的剪裁，细腻的缝制，是背在肩上的梦想。

不管是鞋子还是包包，钻石还是香水，它们无一例外彰显着香奈儿般风格和精神：简单优雅，自由独立。

没有烦琐的装饰，没有复杂的花纹，没有多会的边角，一切都是恰到好处，无可挑剔。

她始终相信，简约就是美，舒适和爱是时尚的目的。

她在时尚界掀起了一场飓风般的革命，为这她受尽了诋毁和质疑，但她从未退缩。而今，香奈儿的时尚王国经历两个世纪的风雨依然屹立不倒，而那些质疑她的声音早已被岁月的洪水淹没。

她也曾与时尚短暂告别，度过了一段安静祥和的岁月，但是骨子里的不安分又唆使她重返舞台。

70岁，古稀之年，她依旧怀揣着少女之心，盛装归来。

而这一次，她尝到了惨败的滋味，但她依旧特立独行，不畏不惧。

声名鹊起时她不曾自满，暗淡落寞时她也不会自弃。

终于，复出后仅四年的时间，她让全世界重新爱上了香奈儿。

她一生骄傲，树敌众多，但从未有真正的仇家。

她一生不曾为谁穿戴嫁衣，却嫁给了自己的事业，至死不渝。

除了事业，她也有爱情。

她有最爱的卡佩尔男孩，他带她迈出自由的第一步，也教会了她如何生活，如何爱。

他是她人生的启蒙导师，也是她亲密无间的恋人，更是她一生的痛。

他离开的时候，她的世界黑暗一片，她用最庄严肃穆的黑色为他发起了一场沉重的悼念。

还有才华横溢、穷困潦倒的诗人列维迪，他带她走进文学的世界，激发了她创作的灵感，开启了她的艺术之门。

他用深情悲伤的诗句抚平了香奈儿心中永失所爱的伤痛，将她的软肋武装成盔甲。

俊美的俄罗斯贵族，流浪的落难王孙，她迷上了他的忧郁气质，也从中得到了无限的灵感。

拥有魔鬼灵魂的艾里布，他是香奈儿又一次的生死之恋，他的卓然才华和绵绵情话成了她戒不掉的爱好。

……

最富有的英国公爵，他愿意用他无尽的财富护她一世无忧，为她戴上梦寐以求的戒指。

而她，却优雅地转身，保全了自己的骄傲。

她追寻爱情，也渴望安定，但她绝不会放弃事业，放弃独立，放弃自由。

于她而言，事业就是全部，自由高于一切。

故事的最后，香奈儿还是独自一人，孑然一身。

她80岁高龄时，人们仍旧叫她香奈儿小姐。

她依然桀骜不驯，特立独行，无畏风霜，如雪梅般傲然，似劲松般坚韧。

她超脱物外，内外兼修，讨厌华而不实，厌恶不切实际的美好。

她是活在年龄之外的人，她永远20岁，永远年轻。

　　如今，香奈儿的身影已然在时代的幕布中消失，但她所创造的时尚依然走在时代的前端；香奈儿的精神也将影响着一代又一代的女性向着独立和自由奋斗不休；那简单的双C标志也被赋予了更深刻的内涵，代表着香奈儿文化的精髓；那圣洁纯净的山茶花，依旧亭亭玉立，延续着花开不败的神话……

　　她用有限的生命，创造出了无限的价值。

　　她的一生，就是传奇。

　　生命已止，传奇不落。

目 录 ◀|

第十章　时尚路上永远年轻的灵魂

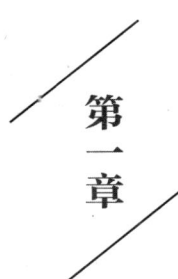

第一章

与生俱来的叛逆者

秘密乐园——墓地

20世纪50年代的欧洲有这样一种说法：法国最重要的出口商品不是红酒、钢铁，而是萨冈的小说、皮雅芙的歌曲和香奈儿的香水。

如今，皮雅芙的歌曲已经很少有人听了，萨冈的小说大部分都陈列在图书馆的书架上，蒙上了一层厚厚的灰尘。而香奈儿的名字却至今依然站在时尚界的前沿，激荡着一代又一代年轻女人的青春梦想。

无论是在巴黎还是在纽约，在里约热内卢还是开普敦，抑或是我们的北京、上海，香奈儿的名字都位居时尚大牌之列，经久不衰，被誉为时尚界的传奇。

然而，时尚传奇的开始，注定要充满悲伤的色彩。

与后天塑造出的典雅气质不同，香奈儿有一个噩梦般的童年，那是她一生都不愿触及的时光。香奈儿童年一切的不幸都根源于她那不负责任的父亲和懦弱的母亲。

香奈儿的父亲阿尔伯特·香奈儿出生在一个地道的法国家庭，家族的历代祖先都是依靠种植业生活的普通农民。1875年，一场自然灾害突然降临，打破了香奈儿祖父亨利·阿德里安一家的宁静生活。

旱灾导致亨利·阿德里安的农田颗粒无收，使得亨利一家人陷入了水深火热之中。为了生存，亨利选择与兄弟一起离开家乡，到一个新鲜而陌生的地方开始新的生活。

勤劳的亨利·阿德里安很快在一家农场找到了一份工作，并且收获了自己的爱情。农场主的女儿被亨利自强不息和乐观冒险的精神所吸引，两个年轻人坠入了爱河中，之后就生下了香奈儿的父亲阿尔伯特·香奈儿。

阿尔伯特·香奈儿没有继承香奈儿祖父追求安稳和甘于平凡的基因，他不愿意一辈子和土地打交道，总是希望过上和城里人一样的生活。他生性自由自在、无拘无束，年轻的时候四处流浪，处处留情，他用一张花言巧语的嘴哄骗了很多无知少女，这其中就包括香奈儿的母亲——让娜·德沃勒。

1880年，香奈儿的母亲和父亲阿尔伯特·香奈儿相遇，不谙世事的让娜·德沃勒很快就被阿尔伯特·香奈儿的花言巧语所俘获。没过多久，让娜·德沃勒怀孕了。这段玩笑一般的爱情让这个年轻的女孩儿付出了惨痛的代价。

当时，阿尔伯特·香奈儿早就已经离开让娜·德沃勒去另寻新欢了，但在相对保守的法国农村，女孩儿日渐圆润的肚子无论如何是无法掩盖的。让娜·德沃勒只好拖着怀孕的身体，穿过一个又一个村庄，寻找心中思念已久的男人，希望和他建立家庭。

在找到阿尔伯特之后，这个没有责任心的花花公子承认让娜·德沃勒肚子里的孩子是自己的，但他并不打算给让娜·德沃勒一段婚姻。

面对这种局面，被爱情冲昏头脑的让娜·德沃勒只能卑微地做出退让：暂时不结婚，但要和阿尔伯特·香奈儿住在一起，并且生下肚子里的孩子。

就这样，17岁的让娜·德沃勒忍受着旁人异样的眼光和家里的巨大压力，死心塌地追随着阿尔伯特·香奈儿四处漂泊。即便如此，阿尔伯特的心依然没有被打动。很快让娜·德沃勒的预产期就到了，毫无责任心的阿尔伯特把她一个人丢在了专门收治穷人的医院里，自己又去浪迹天涯了。

1883年8月，在一个炎热的午后，让娜·德沃勒在这家破败的医院里生下一个女孩，这个女孩就是我们的主角——可可·香奈儿。

香奈儿一出生就被打上了贫穷的烙印，也预示着悲剧的开始。

香奈儿的原名是加布里埃·可可·香奈儿，但由于香奈儿出生的时候，阿尔伯特·香奈儿并不在身边，虚弱的母亲不能及时到市政厅给刚刚坠地的婴儿登记，便将香奈儿的名字写在一个纸条上让医院的护士帮忙登记。粗心的工作人员错误地将可可·香奈儿的姓氏"Chanel"拼写成了"Chasnel"，即便这样她的母亲也没发现。

香奈儿成长的地方是法国卢瓦尔河地区曼恩-卢瓦尔省的一个小镇——索米尔。在这座小镇上坐落着全法国乃至全欧洲最著名的马术学校——索米尔马术学校，因此索米尔也被称为"马术之城"。

索米尔马术学校成立于1766年，每年学校都会举行一场马术表演，吸引了法国和其他邻国的目光。这个时候，社会名流都会来到这个小镇，给这座小镇带来了欢乐的气氛。

然而，在这里生长的香奈儿却和这欢乐的气氛格格不入。

香奈儿对马术充满了浓厚的兴趣，由于家庭贫困，她无法进入马术学校学习，只能站在学校门口观望。看着那些衣着华服的富家子弟骑在马上做出一套又一套优美的动作时，香奈儿的眼中充满了羡慕。但她知道这只是自己一个美丽的梦，想到自己痴情的母亲和四处流浪的父亲，香奈儿一次次地默默走开。

香奈儿出生后，阿尔伯特总算是尽了一点做父亲的义务。他在医院的附近租了一间房子，暂时安定了下来。这段时间是让娜·德沃勒最开心的日子，但阿尔伯特并不想过安稳的日子。过了一段时间后，他又开始以各种理由出去流浪。

在香奈儿的记忆中，父亲总是一个月甚至几个月不回家，好不容易回来了，待了几天之后就又匆匆忙忙地离开了。

之后的几年里，香奈儿又迎来了自己的弟弟和妹妹。母亲一个人照顾这个家庭，微薄的收入让一家人生活得十分拮据。

这么长时间，阿尔伯特的无情始终没有让让娜·德沃勒清醒，她仍然一如既往地深爱着自己的"丈夫"。她在心中坚定地认为，自己的丈夫是个体贴、温柔又深情的男人，因此无论丈夫做什么，她始终没有一点儿抱怨，仍然对他充满希望。

一次，在阿尔伯特离去很久没有回来之后，痴情的让娜·德沃勒决定寻找自己的丈夫。她将香奈儿与兄弟姐妹托付给奥弗涅村的亲戚照顾，从此，香奈儿便过上了寄人篱下的日子。

寄人篱下的日子总是很艰辛的。年幼的香奈儿十分渴望父母的爱，渴望与父母快快乐乐地玩耍，但这一切都只能在梦里出现，梦醒之后仍然是孤独的孩子。孤独的人总是不愿意在人前流下自己的泪水，所以，小时候的香奈儿总是独自一人到村后的墓地，对着一座座墓碑发呆。

墓地总是给人凄凉、恐怖的感觉，很少有人踏足，香奈儿却喜欢待在这里。香奈儿之所以喜欢墓地，是因为墓地的安静、祥和可以让她暂时忘掉忧伤和孤独。香奈儿经常对那些长眠地下的人尽情地倾诉自己的不幸和欢乐，她从来不会感到恐惧。

慢慢地，香奈儿和这些"居民"建立了深厚的感情，小小年纪她便说过一句非常有哲理的话：只要还有人怀念着他们，那么死者就没有真正地死去。

香奈儿非常喜欢墓地中的两座无名墓碑。在这两座墓碑前，香奈儿经常将花岗岩和玄武岩当成自己的休息室、小型客厅以及秘密居所。

香奈儿带着鲜花到这里，用这些鲜花竭尽所能地装饰只属于自己的"房间"。除此之外，香奈儿还会带着自己最喜欢的碎布娃娃到自己的房间里做客。

在这里，香奈儿总是将自己想象成女王，那些长眠地下的"居民"就成为自己的子民，她可以自由地发号命令，享受女王般的待遇。

慢慢地，香奈儿成了附近村民眼中的异类、坏孩子，没人愿意和她接触，也没有人敢让自己的孩子和她一起玩耍。香奈儿变得越来越孤独。越是这样，香奈儿就越痴迷于墓地，在这里享受来之不易的欢愉。

很多年之后，当香奈儿拥有了自己的香奈儿王国，她终于实现了在墓地中的愿望。在她创造的以双C为标志的香奈儿王国中，她是主宰一切的女王。即使在多年后的今天，香奈儿创造的王国依然光芒四射，那些忠于她的"臣民"，遍布在世界的每一个角落。

苦修的青春

后来的香奈儿用一抹无边的黑色引领了时尚界新的风潮。黑色代表着庄严肃穆，总是给人漫无边际的孤寂和失落的痛苦。但香奈儿却赋予了它新的灵魂，让它成为众多色彩中最绚丽的一个。

香奈儿的童年是黑色的。她看不到前方光亮的坦途，摸不到希望之门；她的心中充满了痛苦，想找一个释放的出口，但是眼前的一切却一直打压着她幼小的心灵，让她毫无喘息的机会。

虽然香奈儿有了墓地这个秘密乐园，但她的内心深处仍然想拥有一个没有痛苦、可以自由发泄的地方。在这个地方，她可以感受到父亲的关爱，母亲的关怀，可以有一个安稳的生活，可以每天都和父母拥抱。这只是她一个美好的愿望，现实中，她只有依靠自己的强大来支撑自己走下去。

日子没有任何改变。父亲阿尔伯特依然进行着"世界巡回"，母亲让娜依然痴情地苦苦追寻，几年如一日地为那个不负责任的男人荒废着青春。痴情的让娜不知道，这个她苦苦追寻，想要和他拥有一个温暖家的男人，正将她一步步推向死亡的深渊。

经过很长时间的寻找，让娜没有找到她的丈夫。她停下了脚步，但是她没有放弃，她相信自己的丈夫一定会回来的，一定会给她一个家。

一年的时间过去了。阿尔伯特仍然没有回家，这时让娜坚定的心开始动摇。她坐立不安，开始胡思乱想：他是不是在外面有了别的女人？那个女人是不是比自己长得漂亮？他是不是已经忘了这个家？

各种不安的想法不停地折磨着让娜。她就如同秋日的花朵一样憔悴不堪，日渐衰老，她的心中却仍然思念着那个滥情的男人。她不顾家人的劝说和年幼的孩子，再次踏上了寻找丈夫的路。

这时，亲戚已经不愿再帮让娜照顾年幼的孩子了，因为对于一个农民来说，家里面多一张嘴吃饭是一个不小的负担。让娜只好带着年幼的孩子，和她一起去寻找阿尔伯特·香奈儿。

是什么支撑让娜苦苦地追寻那个风一样的男子呢？原来是阿尔伯特在写给让娜·德沃勒的信中说：他已经有了自己的事业，在巴黎的一条街道上开着一个小酒馆，虽然赚的钱不多，但是生活足够安稳。

让娜从阿尔伯特的描述中看到了美好的未来，看到了一家人幸福生活在一起的场景，才会毅然决然地踏上寻夫之路。但现实给了让娜重重一击，让她的梦想变得支离破碎。

让娜好不容易找到了丈夫口中说的小酒馆，心中满是欣喜。但当她见到丈夫时，心情瞬间跌到了谷底。这个小酒馆根本就不是阿尔伯特的，他不过是一个跑堂的伙计而已。

眼前的事实令让娜·德沃勒心灰意冷。曾经的她不顾家人的反对，毅然决然地和他厮守。她一次又一次地原谅他，一次又一次地追寻他，对他付出了全部的爱。

此刻，让娜终于意识到她当初的选择是多么的愚蠢，多么的可笑。然而既然是自己选择的路，无论多么艰辛，都要咬着牙走下去，这时的让娜已经没有颜面再回到家乡投靠亲戚，只好继续和阿尔伯特在一起。

让娜的苦苦追寻，并没有让阿尔伯特有一丝的感动，反而是满满的厌恶和嫌弃。

为了缓解生活的压力，阿尔伯特安排让娜在酒馆中做起了洗碗工。长时间的劳动和心中的伤疤令让娜比同龄人苍老了很多，皱纹开始爬上她的眼角，双手变得粗糙不已，头发变得干枯没有光泽，眼中满是岁月的沧桑和生活的无奈。

一段时间之后，让娜已经完全没有了少女的清纯和简单，变成了一个被生活折磨的蓬头垢面的女人。

此时的让娜令阿尔伯特无比厌倦。他开始变得无比冷漠，每天都喝得醉醺醺的，回到家里就开始对让娜拳脚相加，完全不顾及往日的情分，也不念及让娜为香奈儿家族生了一群儿女。

阿尔伯特的冷漠加上不堪的生活，终于令让娜承受不住了。她的身体被各种疾病折磨，甚至不能和正常人一样生活，只能卧床休息。

1894的一个寒冬，让娜患上了严重的肺炎，连续高烧了几天没钱医治，奄奄一息地躺在床上，等待死神的降临。这时陪在让娜身边的只有香奈儿姐弟这几个年幼的孩子，负心的阿尔伯特早已不见了踪影。

看着躺在病床的母亲，香奈儿十分心痛，她不停地为母亲祈祷，希望她的病可以好起来。但是，祷告毕竟无法代替医生的治疗，让娜终于在1895年2月的一天永远地离开了她。这一年香奈儿只有12岁。

让娜的死对自身而言是一种解脱，却让香奈儿走入了另一段悲惨的生活。

母亲的死给香奈儿带来了沉重的打击，但并没有给父亲阿尔伯特·香奈儿带来任何影响，几个孩子期盼的眼神并没有让他承担起责任。这时的他竟然幻想着去美国寻找新的乐土，就将香奈儿遗弃在了巴黎中部地区的奥巴辛修女院学校，两个幼小的弟弟被送到了乡下的陌生人家里抚养。

在父亲离开之时，香奈儿扑倒在父亲的怀里，乞求说："父亲，请您带我一起走吧，不要将我丢在这里。"

父亲安慰香奈儿说："可怜的孩子，一切都会好起来的，我只是将你暂时留在这里。不久的将来我就接你回去，到时候我们重新建立一个新家。"

实际上，这些话不过是父亲编出来骗人的，在那以后，父亲再也没来过修女院，也没有给香奈儿一个家。

父亲离开后，香奈儿穿上了修女院的制服——白色的上衣、黑色的裙子、黑色的袜子，纪律和祷告成了生活的全部。从此，香奈儿的生活中充满了惨淡和乏味。

修女院的四周被坚固的石墙围绕着。石墙阻断了和外界的一切来往，也阻断了一切的希望，剩下的只有冰冷和无尽的绝望。在这里，香奈儿和其他孩子一起吃饭，一起学习，一起睡觉，一起祷告。

修女院禁锢和乏味的生活，让香奈儿感到无比压抑。在这里没有人关注她，没有人疼爱她。为了引起关注，香奈儿甚至产生过自杀的念头，她认为自杀可以引起轰动，从而获得其他人关注的目光。

但是她看着冰冷的围墙还是放弃了这个念头。她不过是众多孩子中最不起眼的一个，就如沙海中的一粒沙子。即便她死了，也不会引起多大的轰动。于是，香奈儿就放弃了这个愚蠢的想法。

之后的日子仍然是枯燥乏味的。每天准时准点地祷告，无声无息地吃饭，无声无息地祷告，无声无息地做着该做的事情，不能有任何的越格之事。

慢慢地，香奈儿习惯了这样的生活，她将这看作一场苦涩的修行。这场苦涩的修行让她认清了现实，让她变得清醒，培养了她不屈不挠的精神以及坚强、勇敢、独立、自尊心强、不轻易放弃的性格。这种独一无二的个性特质注定让她将成为那个时代的时尚先锋。

这段修行，让黑色在香奈儿的生命中留下了深刻的烙印，但她并没有将其埋没在记忆中，而是赋予它新的意义，让它独树一帜，成为所有女人梦寐以求的时尚。

灵感的诞生地

生活对于香奈儿来说是残酷的，她的母亲坚持将她带到这个世界上，却没有给她一个温暖的家，没有给她长久的陪伴，没有让她感受到亲情的温暖，带给她的只是破碎的家庭和无尽的绝望。

母亲的离世，父亲的抛弃，让香奈儿失去了家庭，失去了兄弟姐妹。这让独自一人在修女院生活的香奈儿感到十分寂寥，寂寥中又充满了悲凉的味道。

人是群居动物，是需要陪伴的。如果长时间孤独地活着，就会将自己封闭起来，和世界隔离。就在香奈儿对亲情几乎绝望的时候，艾德里安的出现，给香奈儿带来了一丝温暖，让香奈儿感受到了真实存在的亲情。

艾德里安是香奈儿最小的姑姑。香奈儿的祖父有18个孩子，艾德里安是最小的一个。她只比香奈儿大两岁。年龄相仿的两个人成了无话不说的密友，和姑侄相比，他们更像是感情深厚的姐妹。

虽然两个人是挚友，但两个人有着截然相反的性格。

倔强的香奈儿总是有一种拒人千里之外的感觉，让人产生距离感而难以接近，甚至给人敌对的感觉。这或许是品尝过生活无尽心酸的香奈儿对自己的一种保护，让人不会轻易地察觉到自己的脆弱。

艾德里安姑姑则恰好相反，她是一个大方亲切的姑娘，脸上总是露出阳光般的笑容，让人感觉无比的温暖。

对于香奈儿来说，艾德里安姑姑的陪伴，让她在修女院里不再那么的形单影只，不再那么的孤独无助。香奈儿从内心深处将这位年幼的姑姑当作唯一喜欢和在乎的人。

艾德里安可以说是上天对香奈儿最好的赏赐。童年的遭遇让香奈儿认清了现实社会的人情冷暖，让她意识到了世界上唯一可以依靠的人只有自己，她开始封闭自己的内心，她发誓不再接受任何人的怜悯和同情。

即便是内心再强大的人，内心深处也会有一个脆弱的地方，一旦有人触碰，所有的坚强和伪装都会瞬间瓦解，展现出真实的自己。

艾德里安的出现，击破了香奈儿坚硬的保护壳，让她将真实的自己毫无保留地表现出来。

香奈儿和艾德里安的第一次相见是在另外一个姑姑路易斯·科斯捷的家里。

奥巴辛修女院虽然与世隔绝，每逢节假日也会放假。这时，香奈儿就会被姑姑路易斯·科斯捷接到家里做客。

香奈儿第一次到路易斯姑姑家做客时，遇到了来探望姐姐的艾德里安。艾德里安见到香奈儿后十分热情，带着香奈儿到处参观，给香奈儿讲各种有趣的事情……艾德里安的热情让香奈儿感受到了温暖。

在这之后，香奈儿非常期待节假日的到来。这时，她就可以和艾德里安姑姑见面了。慢慢地，香奈儿和艾德里安成了无话不谈的好朋友。

艾德里安经常带着香奈儿到路易斯家中的储藏室里。储藏室里有很多色彩艳丽的画报和各种各样的书籍。香奈儿非常喜欢这里。她们经常一起在这里读书，一起分享读书的心得，一起憧憬美好的未来，度过了很多欢乐的时光。

在这里，香奈儿阅读了大量的书籍，积累了很多知识。从花花绿绿的画报和各种各样的书籍中，香奈儿领略了五彩斑斓的世界。当她看到画报上那些穿着美丽衣服的姑娘，总是幻想自己有一天也可以穿上这些漂亮的衣服。

可以说，这间不起眼的储藏室是香奈儿灵感的诞生地。这里激发了香奈儿的想象力，开启了她的理想之门。

五彩斑斓的世界和修女院的黑暗是不同的，充满了童话色彩，香奈儿内心的狂躁和愤怒在这里得到了解脱。渐渐地，阅读丰富多彩的书籍成为香奈儿的精神寄托。

在姑妈家的日子总是短暂的，香奈儿大部分的时间还是被困在奥巴辛修女院中。为了打发没有书和画报的无聊日子，香奈儿在姑妈家时会把刊登在报纸上的连载小说裁剪下来，按照出版的顺序装订成册，带回修女院。

书和画报，让香奈儿度过了一段安宁祥和的日子，她不用再为生活发愁，无须过多地烦忧，尽情地徜徉在书籍的海洋中，获取自己所需要的能量。

悠闲的午后，香奈儿总是会安静地坐在阁楼里，全神贯注地阅读自己整理的小说。此时此刻，香奈儿就像是一个孩童，尽情地在童话世界里遨游。

她被故事中男女主人公痛彻心扉的爱情所感动，深陷其中无法自拔。她的心随着故事中的人物飘向了远方，飞入了美好的梦中。

在梦里，没有现实的烦恼，充满了激情和梦想。

香奈儿总是对美好的梦境意犹未尽，当她醒来时，会将自己在梦中的所见所闻讲给自己最好的朋友艾德里安听，也会讲给在奥巴辛的同学们听。

香奈儿绘声绘色的演讲，再加上独特的见解，让艾德里安和同学们感到无比惊讶。这时的香奈儿是一个充满激情和梦想的演说家，再也不是孤僻冷漠的样子。

沉浸在书中的香奈儿，在情感上发生了很大的转变，她找到了真正的自己，找到了真正想要的是什么。

香奈儿后来说："我现在的文化意识和智慧都不是通过老师在课堂上的传授而得来的……我从这些小说中知道了我们该如何生活，它们造就了我的多愁善感和傲气。我独自领悟出了书本上学不到的知识……当生活使我接触到一些在我的时代最为优雅和最有天分的人物时，比如斯特拉文斯基、毕加索等，我并没有自觉愚蠢，也没有感到拘束。"

生活中的经历给予我们的知识，比老师在课堂上的循循善诱更加让人刻骨铭心。

正值花季年龄的香奈儿总是无数次地幻想自己的爱情是什么样的，自己的王子是什么样的，是风度翩翩，还是风趣幽默或者是高大威猛的。他会穿着笔挺的西装，就像绅士一样出现在自己的面前，伸出温柔的双手，带着自己离开这灰暗压抑的生活，去到遥远的童话世界里，过上幸福的生活。那里没有痛苦，没有分离，彼此相依相伴，白头到老。

年少时的香奈儿怀着一颗渴望不被束缚的心，想要到那悬崖下去看一看，那里究竟是一个怎样多彩的世界，这般奇妙地吸引着人。

　　或许，无论是怎样的世界，怎样一番景象，都好过现在所处的环境吧。香奈儿不愿再过那种温饱都不能解决的日子，不愿意再颠沛流离，居无定所。尽管这些修女院都能够给予，但是过分的压制和教条，没有爱的日子，再加上遗传了父亲的那种不安分因子，都让此时的可可·香奈儿无比地渴望自由自在，渴望过上上流社会的生活。

　　初春三月，雨淅淅沥沥，连绵不停，那是上天对草木花朵的恩泽，似有似无的嫩绿覆盖了严冬的荒芜。这样一个充满希望的季节，香奈儿越发想要离开这里，离开这个束缚自己的奥巴辛，勇敢地去寻找自己的希望与童话。

　　而岁月这个无情的东西，总是将人的希望慢慢磨灭，只留下一具残破的躯体垂死挣扎着。有的人忍受不了这种煎熬，慢慢地放弃当初纯真的梦想，成为曾经自己最厌恶的那类人。当然他们保全了自己，走着平稳的路途。在别人看来仿佛是风光无限，只有他们自己知道心中的苦闷，不得已而为之，那也是一种痛苦。

　　世间太多的身不由己，太多的悲欢离合，而生命却只匆匆数十载，稍纵即逝。或许在弥留的那一刻，人才能清楚自己到底得到了什么，失去了什么。

　　可是，时尚女王香奈儿在小说的童话世界里找到了真正的自己。能够有梦想去追寻，这是一件值得庆幸的事。现在时过境迁，幼年的孤僻渐渐消失了，香奈儿已经成为一个拥有梦想并敢于去尝试、去拼搏的少女。

　　她就像是一个另类，不愿意改变自己的初衷。那个不幸的生命出场，已经是她最不愿回忆的过去，不幸的童年足以成为可可·香奈儿生命中无法触及的痛。未来，她要深埋那些不愉快的过往，成为真正的女王，主宰她的国度。

丝线编织的倔强梦醒

18岁，多么美好的字眼，提起它，青春的气息扑面而来。

小时候，我们渴望快快长大，那样就可以穿上自己喜欢的衣服，将幼稚掩藏，肆意潇洒地支配自己的人生。

然而，长大以后才会明白，人的一生有太多的身不由己，童年已然成了再也回不去的美好时光。

在香奈儿的身上似乎没有这样的惆怅，她太渴望长大，太渴望逃离那些忧伤。

在奥巴辛修女院，香奈儿终于熬到了18岁。

像一只羽翼渐丰的小鸟，香奈儿早已探出了好奇的小脑袋，来回张望。

无论生活多么无情，她始终相信一个人熬过了黑暗，终将会迎来黎明的微弱亮光。

这一年，香奈儿面临着依靠自己做决定的人生选择：当见习修女从而得以继续留在修女院，又或者另择出路。

香奈儿自然是不愿意继续留在修女院的，那样的日子她早已厌倦了。

于是在祖母与修女的帮助下，香奈儿离开了奥巴辛，来到了位于穆兰小镇的寄宿学校。

本来兴致勃勃地要开始新生活的香奈儿，又一次被现实打回了原形。

这所寄宿学校，从严格意义上来讲，实际是一所专门为军官和绅士培养妻子的机构。他们有着当时最受欢迎的女子教育思想，主要培养女子如何管理家务，如何迎合丈夫。

学校在专业课之余还开设了钢琴课、舞蹈课、形体课等，在培养女性传统意识的同时注重才艺的塑造。

初到这里，香奈儿仍旧穿着穷人标配的衣服和鞋子，而那些有意思的课程她也没有资格去参加，同时她不得不定期参加义务劳动来保住自己的学生资格。

香奈儿被救济的学生身份，让她倍感屈辱。这是第一次，她深深感受到了贫富之差、阶级之差带来的不快。

这也是她第一次怀念在奥巴辛的岁月。那里，几乎所有的孩子都家境贫寒，每一个人都是相似的身份和地位，没有高低贵贱、优劣等级之分。

而在这里，香奈儿清楚地意识到自己与别人的不同，地位悬殊，身份迥异，就连饭菜衣物都比别人差得多。就算她不想，不看，这里的一切，规矩、眼光……都在时刻提醒着她，自己是多么的贫贱，多么的低微！

幸而，她无比坚强。

这亦是一种与生俱来的倔强，一种骨子里透出的骄傲。

即使在别人眼中多么的卑微，香奈儿也不会卑躬屈膝，低三下四去求得别人的怜悯。也正是这样的性格，使得她在这里的生活更加艰难。

幸运的是，有艾德里安的陪伴，这种艰难和不幸得以有效缓解。

尼采曾说，你生命遇见的每一个人，都是命中注定。香奈儿与艾德里安便是命中注定的缘分，以至于在香奈儿的事业中，艾德里安也一直扮演着重要的角色。

也因为艾德里安，香奈儿得以名正言顺地接触另一种生活。

当时，香奈儿的祖父母尚在人世，他们对这个小女儿很是疼爱。每到回家探望的日子，艾德里安就会带上香奈儿一同前往。

这段时间里，香奈儿最期盼的就是路易斯姑姑的到来。

路易斯是艾德里安的姐姐，早早就嫁作人妻，但是她常常会回家看望父母。

也许，可可·香奈儿的天赋遗传于香奈儿家族。姑妈路易斯是一个心灵手巧的女人，颇有设计天分，而且她的手工活也做得极其出色，尤其是缝制帽子。路易斯对于帽子非常喜爱。每隔一小段时间，路易斯就会去维希大肆采购一次。维希是一个以水疗和度假而闻名的城市，也是一个时尚之都。每一次来到维希，路易斯都会在敞亮的落地橱窗前流连忘返，然后到材料店买一些材料回去，按照橱窗里的样品，做一些款式新颖的时尚帽子。

有时候，她会邀请香奈儿和艾德里安一同装饰帽子，设计服装。香奈儿对这些十分着迷，她可以从这样简单的手工设计中找到无限的灵感和乐趣。

有时候，艾德里安和可可·香奈儿也会随同路易斯一同去维希采购。每一次的出行对可可·香奈儿而言，都是激动而兴奋的。都市里热闹的景象，大街上的人来人往，橱窗店里的琳琅满目，都让可可·香奈儿的脑海中充满了无限遐想。她渴望自己也能够过上这样的日子，跻身上流社会，衣食无忧，可以随心所欲地逛街，买下那些自己喜欢的物件。

短暂的欢愉过后，现实总会狠心地将香奈儿拉回。在寄宿学校的她仿佛就是一个悲哀的小丑，永远无法获得真正的快乐。频繁的义务劳动，无休止的缝补工作，吱吱呀呀的缝纫机声，一切的一切，都让香奈儿倍感压抑。

与外面的花花世界相比，这里阴暗且无趣，烦琐且枯燥。

香奈儿巴不得马上离开这里，她与艾德里安想方设法要改变这样的生活状态。

终于，在寄宿学校的帮助和推荐下，她们得以在毕业前一年去格朗配尔时装公司实习。

格朗配尔时装公司坐落在繁华的街区，经营这家公司的德斯波特恩夫妇是有地位的人物，十分受人尊敬。德斯波特恩夫妇对待香奈儿和艾德里安很友善，允许她们住在公司的阁楼上，使她们免受奔波之苦。

从压抑拘束的寄宿学校来到繁华的城市中心，并有幸接触到上流社会的人，这一切都使得香奈儿兴奋不已，对未来的生活充满了期待。

然而，期望越大，失望越大。每一种看似美好的生活之中都掩藏着不为人知的辛酸和悲哀。远远看着它时，平静且安逸，而当你真正融入其中时，却又是另外一番光景。

香奈儿与艾德里安到底是从小地方而来，又是刚刚步入社会，她们穿着简单甚至有些破旧，浑身充斥着满满的乡土气息。

而她们所做的售货员的工作无疑是要好好地服务客人，尽量满足他们所有的要求。繁华的市中心，她们所接触的大多是上流社会的贵夫人和小姐。

可想而知，那些所谓的贵族对香奈儿和艾德里安两个"村姑"模样的小丫头是多么的鄙视和不屑，甚至很多时候还会故意刁难她们。

可怕的不是身体上的劳累，心灵上的煎熬更让人生不如死。

受尽了嘲讽和白眼的香奈儿对这样的日子已然不再抱有希望，内心深处的不羁又一次强烈地骚动起来。香奈儿决定离开给自己带来不愉快的地方，重新做回自己。

她是典型的狮子座女人，以自我为中心，不喜欢就果断放弃，喜欢就去坚持，丝毫不在意别人的目光和看法。

香奈儿的这种性格在她的每段人生经历中都体现得淋漓尽致，但她的特别之处常人却无法企及：她可以将自己的个人风格影响身边的人，乃至全世界。

香奈儿毅然背上行囊，决绝地告别了她的第一份工作，只留下了越来越模糊的瘦弱背影。

到底应该过怎样的生活，成为什么样的人，这是个值得深思的问题，毕竟，人的一生是个谜。

虽然，香奈儿依旧心存迷茫和疑虑，并没有完全知道自己想要什么，但她至少知道，自己不想要什么。

她不想要忙忙碌碌却毫无希望的生活，也不想再忍受无端的白眼和嘲笑，更不要像奴隶一般被人监视。

在没有踏出修女院之前，香奈儿对修女院以外的生活无比憧憬；在没有进入社会前，她对一份工作是那么的渴望，然而，现实让香奈儿认清了生活，也慢慢看清了自己。

那些不切实际的梦，那些自以为的美好，在那一瞬间静悄悄地破碎了，香奈儿也从梦中睁开了明亮的双眼。

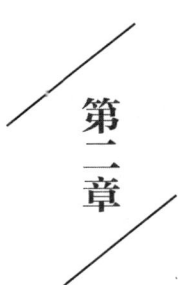

第二章

初露光芒的勇敢者

酒吧驻场，曲折的蜕变之路

有些人生来就注定与众不同，即使处在泥泞的束缚之中，也无法阻挡那星星般耀眼的梦想在她的心里生根发芽、悄悄成长。

也许香奈儿在她年轻的时候并不清楚自己想要什么，自己的梦想又是什么，但是总有一个声音告诉她：你跟别人是不一样的。

艾德里安和香奈儿既是同样的人，又是完全不一样的人。

她们都热爱生活，渴望美好的未来。但相比之下，艾德里安像是一个落难的贵族小姐，而香奈儿更像一个坠入凡间的天使。

有人说，丑小鸭之所以能变成白天鹅，因为它生来就是白天鹅。

有一次，两人在一起兴致勃勃地谈论彼此的梦想。艾德里安说，她羡慕那种平淡却细水长流的生活，她只想找一个互相爱慕的人结婚，共度余生。而香奈儿却支吾了半天，说自己没有什么梦想，只是想好好地做一些事情。

"也许我是要成为大人物的吧！"香奈儿不受控一般说出了这句话，连她自己都吓了一大跳。命运就是如此奇妙，一个注定平平淡淡，一个注定轰轰烈烈。

香奈儿和艾德里安一起被安排到一家内衣店工作，她们在这里负责内衣和针织衣物的缝补。店长是一位优雅的夫人，大家都叫她"G夫人"。

在这里，香奈儿体会到了另一种生活带来的不安和失落，原来残酷总是如影随形。

她们每天早上7点就要起床开始工作，直到中午才有一小段时间可以匆忙解决午饭，之后一直到夜幕降临，街上都快没有行人的时候，她们才能拖着疲惫的身子回到自己狭窄逼仄的出租屋。在床上躺下来的那一刻，是她们这一天中最幸福的时光。

尽管两人一直未曾闲歇，领到的薪水却还是少得可怜，再加上要支付房费，最后能够剩下的已经没有什么了。慢慢地，香奈儿意识到不能再这么下去，"是时候要为自己另谋出路了"，香奈儿想，这时候，一个好点子出现在了她的脑海里——卖帽子。

香奈儿似乎就是为时尚而生的，尽管她没有出生在一个富裕的家庭。她从小便以弃女的身份被寄养在修女院中，整日埋藏在那些陈旧冰冷的高墙砖瓦之下，周身裹着黑白的简约衣裳，生来便与时尚无缘接触，但她却不经意间走到了时尚的前沿。

香奈儿不仅对美有着独到的见解，她敏锐的商业嗅觉也让人折服。

香奈儿看到街上来来往往的妇人，容貌不同，形态各异，其中的大多人头上都必定戴着一顶帽子。这些帽子大多相似，没有什么特别的装饰，就算是多么高贵的妇人，所戴的帽子似乎都无法彰显出与众不同。于是，香奈儿想到一个好主意：对这些简单的帽子进行"二次加工"，装饰之后再卖出去。

香奈儿强大的执行力驱使着她将脑海中的想法以最快的速度转化为实际行动。她与G夫人进行协商，将装饰后的帽子放在她的内衣店中展示，卖出去之后就给她分成。

G夫人虽然答应了，但这时候新的难题出现了，香奈儿并没有多余的钱去买帽子。一分钱难倒英雄汉，幸亏香奈儿是个聪明的女子，她总会有古灵精怪的想法去推开横亘在面前的那堵厚厚高高的墙。她想到了酒吧驻唱。

　　如果你问当时的香奈儿：你会唱歌吗？你有过在台上演唱的经验吗？你知道该怎么唱歌才能让别人喜欢吗？香奈儿很可能会摇摇头，但她肯定会以一个坚定的眼神告诉你，她可以去尝试，因为这是在当时处境中的香奈儿能够尽快筹到钱的最好方法了。

　　她和所有天赋异禀的人相同，偏执、坚定而清醒。

　　"我的小狗在哪里，我可怜的小狗Coco……"这是香奈儿会唱的两首歌之一。她为自己取名为Coco，就像歌词中的小狗Coco，迷失在了繁华喧嚣的街头。她是孤独的，是流浪的。热闹和欢笑都是别人的，她只是一个偏执的冷漠的灵魂，在一步一步寻找着属于自己的归处。

　　香奈儿第一次登台唱的就是这首歌。20岁的她站在台上望着形形色色的客人，她知道要用自己的歌声和表演去讨好他们，才能获得一些回报。

　　然而，真的站到台上的她却紧张得要命，她想一展自己的歌喉，听到的却只有从颤抖的喉咙里断断续续发出来的噪声；她想展现柔软的肢体，做出来的动作却僵硬得像个小丑。

　　她敏感的内心早已感受到了台下客人的种种厌恶和不耐烦，但是她依旧面带微笑，坚持唱完了这首属于自己的歌。她在众人的嫌弃声中悻悻走下台来，对迎面而来的鄙夷眼神和快速冲过来的瓜果皮核都静静地忍受着。这一刻她是屈辱的，但只有她自己知道她的骄傲从来没有缺席。

　　香奈儿并未因此退缩，虽然她意识到这个方法似乎并不明智，不过她别无选择。如果说香奈儿之前还存在一丝侥幸心理，觉得自己可以通过别的途径赚钱，那么在经过一番理智分析和冷静思考之后，香奈儿否定了这种可能性——至少，在目前情况下兼职驻唱是最可行的办法，一贫如洗的她能够抓住这样一个无须成本投入的自力更生的机会已经实属不易了。

　　于是，香奈儿总是在完成了一天的缝纫工作之后，拖着疲惫的身子和戴着面具的脸匆匆赶到酒吧进行演唱。

不去唱歌的晚上，香奈儿就开始练习唱歌，时不时地还学一些舞蹈。相比于酒馆其他的歌女妖媚妖娆的身姿，她显得很平庸，平胸、瘦弱甚至还有些憔悴，但是这并不能阻挡她身体中无限的潜能和巨大魅力的爆发。

香奈儿的歌声在不经意间有了翻天覆地的变化，也慢慢得到了客人们的认可和酒吧老板的赏识。于是，她被安排在了很多士兵、军官都会来的周五晚上进行演唱。也正是这一漫不经心的安排，使得香奈儿的人生发生了重大转折。

在那些浓妆艳抹的歌女身旁，香奈儿略施粉黛的脸庞显得尤为清纯，当初被认为"发育不良"的身体似乎也有了别样的韵味。她站在台上，台下的人高声呼喊她的名字：Coco、Coco……

她以自己的独特魅力征服了台下每一个人。这一刻，她是骄傲的，她是闪光的，她的缺点也变得迷人，她的一颦一笑牵扯着台下所有人的心。

香奈儿靠着自己的努力在一片黑暗中点起了星星之火，火光下映照着的是一张纯情的可爱的却无时无刻不显现着成熟与坚定的脸庞。她将自己赚得的财富放进储存罐中，以期能够买到自己心仪的帽子，开始一段点缀帽子更是点缀生活的历程。

香奈儿之所以能够宽容理智地看待一些对自己来说不平等甚至屈辱的事情，是因为她早已领教过了生活的冷酷无情，她知道没有人会因为自己的不幸和艰难去真心对待自己，充其量也只能得到一些微不足道的怜悯，而更多的却是看不起。生性骄傲的她是看不上这点怜悯的，她更热衷于通过自己的力量让别人甘心"俯首称臣"。

这段曲折的酒吧驻唱的经历恰恰成了香奈儿破茧成蝶的开始，时尚的缔造者香奈儿从这间三教九流混迹其间、嘈杂昏暗的酒馆中一点一点褪去骨子里的彷徨和自卑，有了属于自己的奋斗目标和方向。

向远方，望去，一片繁花似锦。

情窦初开的女孩儿

一朵纯净而美好的花，静静地开在枝头上等待着那一位风度翩翩的男子能够停下来欣赏她。

香奈儿早已到了情窦初开的年纪。这时的她只是一个盘着棕色头发的少女，等待着属于自己的白马王子。

正是在酒吧驻唱，香奈儿遇到了她生命中的第一个男人——艾蒂安·巴勒松。

容貌姣好、歌声柔美的香奈儿在这间充斥着士兵与军官的酒吧中不乏热情的追求者，艾蒂安·巴勒松正是其中之一。

这个温柔多情的现役军官是来自中产阶级家庭的贵公子，更是一家庞大家族企业的继承人。年少多金，这正是众多女孩儿心中的梦中情人。但与此同时，这样的出身注定巴勒松也是一个风流成性的花花公子，他常常穿梭于各个酒吧之间，并不缺乏女伴。

在香奈儿驻唱的酒吧，巴勒松被香奈儿身上那种桀骜不驯深深地吸引住了，仅一眼就疯狂地爱上了她。

而巴勒松之所以能够获得香奈儿的青睐，源于他的真实自然，他不像酒吧的其他客人一样，总是一副高高在上的模样。

20岁的香奈儿是小镇一间普通内衣店的雇佣工人，没有显赫的家庭背景，还是一个被父亲遗弃的孩子。在那个"贵族不工作，女子不自立"的时代，像她这样身世的人想要获得富人的尊重简直是异想天开。

在台上演出的她总是光芒万丈，是酒吧中的焦点。香奈儿无比享受这样的时刻，因为也只有在这个时刻，她才能感觉到生存的价值与生活的美好，才能感觉到自己是一个真正意义上的女子，而不是那个整日为生计而累，卷入社会无情大浪中的被人冷眼相对的凄惨孤女。

有人说，香奈儿是自卑与骄傲的矛盾体，看来似乎正是如此。儿时的经历让她内心无比孤单，渴望被爱，但同时她又是自卑的，她不知道自己是否配得上或者能否承受得住炽热而美好的情感。因此虽然渴望爱情，但香奈儿总表现得像一个骄傲的孔雀，美丽但又不轻易让别人接近。

在香奈儿的矜持中，巴勒松发起了"攻势"。台下的他总是用含情脉脉的眼神目不转睛地望着香奈儿。香奈儿当然能够感受到这灼热的目光，她内心对爱情的不相信和排斥感总使得她有意无意地躲开它，不过极度缺乏爱与安全感的她又迷失在这份浓烈的爱意中不能自拔。

突然出现的玫瑰花，精致的烛光晚餐，深情的眼神，这一切都让香奈儿体会到了从未有过的美好。

香奈儿对巴勒松产生了好感，并一点点放弃了内心的防线，两年后，香奈儿终于决定投入巴勒松的怀抱，成了他的情人。

当时，巴勒松是穆兰第十骑兵团的军官，家族世代经营纺织业，还为法国军队供应军装。他酷爱养马、骑马、赛马，并打算用家族资产买一个马场，发展赛马事业。

1904年末，在邂逅了香奈儿之后，他在巴黎的贡比涅郊区买下了一大片地作为马场，起名为"王苑"，并把这件事告诉了香奈儿。

这时候的香奈儿其实已经在穆兰小镇混得风生水起，她和艾德里安在偶然的一次机会中认识了当时穆兰小镇的"大人物"莫德夫人。

莫德夫人很欣赏香奈儿的才华，她十分偏爱香奈儿装饰的帽子。莫德女士经常举办宴会，邀请当地的青年才俊、上层阶级的人来参加，并在宴会中为他们做媒牵线。莫德夫人认识的人当中也有不少名门贵族、钻石王老五，并时不时地将香奈儿和艾德里安介绍给他们，这些人比军官更富有，香奈儿也乐于与这些人结交。

但是，当她遇到巴勒松之后，香奈儿的想法发生了巨大的改变。

巴勒松的深情和体贴让香奈儿对爱情有了更多的期盼和向往，相比于其他的军官或者更富有的绅士，巴勒松有着特别的魅力。

此外，香奈儿认为穆兰小镇始终只是一个小地方，发展的机会少之又少，与其在这里进行激烈的争抢，还不如去更大的地方看一看，闯一闯。

上帝是公平的，它在为你关上一扇门的时候，同时打开了一扇窗。命运给予了香奈儿悲惨黑暗的童年，让她受尽煎熬和折磨，却赋予了她天生的时尚之感；当她不得不为生计所迫，身兼数职，酒吧卖唱之时，却遇到了能把她拉出贫困深渊的贵人。

有人说，香奈儿对巴勒松更多的是感激之情而非爱情，但是，至少在当时看来，香奈儿是真的觉得自己遇到了白马王子。

后来，巴勒松邀请香奈儿到自己坐落在法国贡比涅郊区的城堡中居住，香奈儿也欣然前往。

在这里，香奈儿真正见识了心目中的上流社会，那里原来比她自己想象的更夸张：成群的仆人、宽阔的马场、豪华的宴会厅、数不尽的房间、穿着高贵的人们、璀璨的吊灯、精致的桌椅……"这才是我想要的生活吧。"香奈儿深深地被眼前的世界吸引了，她以为她所期望的幸福生活就这样开始了。

最开始的时候，香奈儿是幸福的。巴勒松很乐意将她介绍给自己的朋友们。她与巴勒松以及他的朋友们整日骑马作乐，穿着华丽的衣服与那些上流的绅士名媛推杯换盏，谈笑风生，宛若一个真正的贵族小姐。她沉浸在被爱的美好中，也沉浸在奢靡的生活中。

但是，这幸福的生活中却也掺杂着几许不为人知的凄凉。原来，当香奈儿只身跟随艾蒂安来到"王苑"的时候，她才发现巴勒松的庄园里还住着别的女人。这个人就是大名鼎鼎的交际花艾米丽·安娜·达朗松。

她比香奈儿大十几岁，是当时很多人心目中的性感美女，尤其在这些贵族公子和绅士眼里。毫无疑问，艾米丽·安娜·达朗松与很多人存在着复杂的关系。在住进这座庄园之前，她曾被一位公爵包养，直到与艾蒂安同居之后，她还是本性难改，依旧与别的男人保持着亲密关系。

面对着这样一位女子，香奈儿产生了一种被欺骗的感觉。她原本以为巴勒松是一个与别人不同的，深情而可靠的男子，现在看来，还是自己太过幼稚。

不过至少现在，巴勒松对待自己还是不同于别人的，香奈儿只能这样安慰自己。

香奈儿在庄园安定下来，但是时间一长，她发现实际上艾蒂安与自己心中所想有着天壤之别，终于，香奈儿醒悟了。

原来巴勒松的情妇远远不只有艾米丽·安娜一个人。香奈儿最初还有些纳闷，既然艾米丽·安娜背着巴勒松有了新情夫，为什么她还要留在这里。现在她似乎明白了，两人不过各取所需。巴勒松对这些根本不那么在意，他经常与不同的姑娘寻欢作乐，还带她们到庄园里留宿，私生活混乱不堪。

香奈儿的身份却比艾米丽·安娜更加尴尬，她不是用人，也不是唯一的情人，更谈不上正式女友，但是她却自认为与众不同。

香奈儿对巴勒松的生活做派是极度不满的，当初她之所以选择巴勒松，并愿意放弃自己之前所努力的一切来到这里，是因为她心里有着远大的计划。她希望能够依靠巴勒松的力量去接触更高阶层的人士，而且希望得到巴勒松的支持来实现自己的梦想。直到后来被残酷的现实一次次重击后，她才幡然醒悟。

在香奈儿居住在庄园的时候，艾德里安也邂逅了自己的初恋情人莫里斯。两人在莫德夫人的宴会上相遇，随后迅速坠入爱河。

艾德里安还给香奈儿寄来了一张照片。照片上的艾德里安脸上挂着甜蜜的微笑，幸福地依偎在莫里斯的身旁，手中还抱着一只可爱的宠物狗，莫里斯则是很慵懒地靠在马车上，满脸惬意。从艾德里安的衣着可以看出，莫里斯的家世是相当不错的，两个人看起来美好极了。面对这种情况，本该为姑姑高兴的香奈儿却生出一种失落感。

与此同时，香奈儿的哥哥阿方斯与一位纺织女工结了婚，香奈儿的弟弟吕西安还在不停地寻找自己那个无情的父亲阿尔伯特。

香奈儿虽然远离了他们，但是他们之间始终保持着联系，这让在庄园孤立无援的香奈儿感受到了一点亲情的温暖。

香奈儿没有富裕的家庭，更不是贵族，也没有可以依靠的家人，因为遇到了巴勒松，她过上了锦衣玉食的生活，却也仅仅如此而已。

情窦初开的香奈儿失去了自己的童贞，但也因此见识到了上流社会的绚丽和肮脏。这一切到底是好还是坏？可能只有香奈儿自己知道了。

聪明的情人

香奈儿也许不能成为一个好的妻子，但她特立独行、桀骜不驯、个性张扬，绝对是一个聪明的情人。

也许，香奈儿仅仅只是对巴勒松有着淡淡的好感，而并非陷入了深深的爱情中。她跟随巴勒松住在安乐窝中也许只是看中了他身后庞大的资源和贵族世界，她对爱情的渴望远远不及她想要摆脱贫困，从底层的生活中解脱出来的心。

总之，巴勒松给了香奈儿一个机会，一个能够从泥沼中跳脱的机会，而香奈儿也紧紧地抓住了它。

香奈儿虽然并不认同这样的生活方式，也不适应这样的闲散无事的生活状态，但是她也不得不使自己融入其中。

仅仅用了很短的时间，香奈儿就凭借自己敏锐的洞察力弄清了上流社会的交际规则：在外人看来高贵而优雅的名媛和公子哥们，他们肩负着家族的使命，古老的氏族拥有沉积百年的威望却在财富上逐渐没落，而迅速发展起来的新贵们拥有雄厚的财力，却缺乏声望，两者必须通过联姻的形式相结合才能真正成为巴黎上流社会声名显赫的家族。

这些整日穿梭在宴会场上的富家子弟和贵妇名媛们，有的在为自己挑选合适的配偶，有的在为自己的子女来挑选未来的伴侣。

在香奈儿看来，这些男人似乎都一个样，这种挑选毫无意义。

因此，虽然是处在这种环境下，香奈儿却依旧没有忘记自己的梦想，对于时尚的追求也从未中断。在这样一个"高层次"的环境中，她还在拼命地吸收养分，不断拓宽自己的视野。

沉静下来的香奈儿展现出了令人惊叹的社交能力。在这栋乡间大别墅里她似乎跟谁都聊得来，尽管她不是真正的上流名媛，但是她能与所有的人交流畅饮，在这个本不属于她的世界中左右逢源、游刃有余。

巴勒松当然没有与香奈儿结婚的打算，更没有带她见过自己的父母，在他眼里香奈儿不过是一个跟其他情妇稍有不同的玩物。没过多久，他粗鲁又风流的本性暴露无遗，他无法欣赏香奈儿的穿着打扮，认为她对时尚的见解简直滑稽可笑。

最初的激情已然消退，而这个在他眼中桀骜、特别的女子，也沦落为普通的情妇之一。巴勒松举办大型高档宴会时，香奈儿只能躲在厨房里和用人一起用餐。香奈儿成了一只被关在笼里的金丝雀，外表风光无限，内心却失落不安。

当她终于让自己相信与巴勒松的这段情感不能冠以婚姻之名时，她虽然无比失落，但也如释重负。

香奈儿不再把心思放在婚姻上了。即使她能够与巴勒松结婚，成为他名正言顺的妻子，以巴勒松的风流性情，他还会继续在外面包养情妇，而她所能做的只能是忍气吞声。这样的情形实际上与现在别无两样。况且，巴勒松是绝对不可能娶自己的，这一点香奈儿心知肚明。

香奈儿不再奢望能够成为他倾心爱慕的女子，也许在最初深情对望的那一刻，香奈儿还曾抱有这样的幻想，但是这个聪明的女人终于清醒了过来。

香奈儿开始意识到自己的处境不妙。尽管她费尽心思爬到了"半上流社会"，努力包装自己，艰难地在夹缝中生存，但是在巴勒松看来，她依旧上不了台面。

她是这个男人的附属品，是他的玩物，依傍他生存。没有他，她什么都不是，她正面临着被抛弃的命运。这就意味着她所经历的一切就像水月镜花，不过一场梦罢了。她还是要被打回原形，依旧是那个出身卑微，在社会底层苦苦挣扎的"加布里矣·香奈儿"而非"可可·香奈儿"。

她不想再回到那种生活中去，于是，她开始努力地做一个"附属品"。忍受他的侮辱，包容他对自己做的一切，但是强大的自尊心又让她无法承受这一切。她原本是毅然决然地告别了以往的生活，试图融入另一个阶层中。她希望得到尊重，希望能够将自己对美的理解，对时尚的人知表达出来，她希望摆脱这样的"圈养"生活，有尊严地活着，然而，生存又将她拉了回来。

香奈儿知道巴勒松不会轻易帮助她做自己想做的事情。

有一次，香奈儿无意间提出她想要开一家帽子店的想法，但瞬间就被巴勒松回绝了。他说："这个想法太荒谬了，我可以给你足够的钱供你吃喝玩乐，但绝对不会资助你开店。女人从来都不该去养家糊口，除非是生活在底层的那些女人为了生存而不得不去挣钱，而她们挣钱的最好方式就是躺在床上。"

这句话极大地刺激了香奈儿，也让她产生了被侮辱之感，原来在男人眼中，女人竟应该过这样的生活。

女人为什么不能有自己的梦想和事业？为什么只能依靠男人？香奈儿一遍遍地问自己，她想要一个答案。

香奈儿突然意识到，也许出路只能在自己身上。

好在现在她还拥有巴勒松的上流社会资源，此后，特立独行的香奈儿将全部精力放在了学习各项"男人专属"的运动上面：骑马、射箭、滑雪……靠着自己坚韧不拔的毅力，她学会了很多技能，尤其马术技术十分精湛。事实证明，这些技能为她以后的人际交往提供了帮助。

一个普通的女子很容易就会被这种纸醉金迷的生活所感染，进而身心沦陷，更何况一个出身寒微的孤女，这样的灯红酒绿足以让她彻底迷失自我。

然而，香奈儿不会如此。

她想要的并非这样需要别人施舍的生活，以男人的喜怒来决定自己的生活质量，这简直可笑之极。香奈儿最大的智慧在于，她不会去强求本就不可能属于自己的东西，无论它多么吸引人，而是尽自己所能地提升和丰富自己。她是为自己而活。

可能在外人看来，香奈儿不过是一个为了富贵生活可以放弃尊严的人，但香奈儿却一直清楚她想要的到底是什么。

想要成为谁，想要怎样的生活，对于一个人尤其一个女人来讲，越早明白越好。

她不会成为一个职业情妇，被男人玩弄于股掌之中，彻底地丢掉自己的尊严，在上流社会混吃混喝，等待比巴勒松更富有的接盘侠来包养自己。她更不会就此罢休，重新回到曾经不见天日的生活中去。

她在等待，等待一个时机彻底解脱出来。

香奈儿之于巴勒松，巴勒松之于香奈儿，两者之间并没有绝对的胜利者，也不是谁背弃了谁。他们二人一个是满足征服欲望的玩物，一个是被人"踩着"往上爬的工具。

如果说，最初的香奈儿可能会因为那情窦初开的好感而对巴勒松产生情感上的依赖，但是当她意识到巴勒松能够给她的不是婚姻，他是一个随时有可能抛弃她的情人时，这种好感便慢慢消失了。

因为她知道，巴勒松不再是自己的终点，他只能是起点，香奈儿唯有从这里起航，才能真正大放异彩。

是的，从这个角度来讲，巴勒松拯救了她。

香奈儿知道自己无法成为一个上流社会的贵夫人，也不可能成为这个男人的妻子。

她，始终未忘初心，未来终可期。

引领潮流的女骑师

在庄园居住一段时间后，香奈儿觉得自己过的就是一段散漫而毫无意义的生活。也许对于那些富人来说，这样的生活就是他们该过的模样，但是对香奈儿来说，最初的新鲜劲过后，更多的是无聊和空洞。

开始时，香奈儿还会参加在庄园中举行的聚会，与各种各样的人谈笑风生。

有一次，庄园上来了许多巴勒松的老朋友和公爵，巴勒斯邀请香奈儿出席，但在宴会上，他却让香奈儿在台上唱《Coco在哪里》，这让香奈儿感到了莫大的羞辱。

从此以后，每当看到那些只知道依靠权贵子弟来进入上层社会的女子们，香奈儿总是觉得无比厌恶，虽然在此之前香奈儿还曾视她们为榜样为目标。香奈儿实在不理解，这一群所谓的上流社会的名媛淑女生存的意义是什么？

香奈儿从心底是排斥和看不起这样的生活的，尽管这是她费力得来的，是那些生活在底层的人们，也是曾经的自己可望而不可即的生活。

也许，人就是这样奇怪的生物，得不到的永远是最美好的，得到了之后又会嫌弃它并非心中所想。生活如此，爱情又何尝不是。

也正是在这时，香奈儿萌生了设计服装的想法。不管她多么迷恋当时的生活，她对时尚的追求却从未改变，这也正是香奈儿的可贵之处，也是她能够成功的原因之一。

当她看到淑女和贵妇们穿着的衣裙时，她心里是有点"嫌弃"的。虽然这些服饰又高贵，又美丽，但是过于烦琐。又大又夸张的裙摆，紧紧包裹着的上半身，让她觉得啰唆而压抑。

香奈儿希望自己能够设计出简洁而不失典雅的服饰，将女性从这样的束缚中解放出来。当时的香奈儿有这种想法简直是大胆之极。

香奈儿鄙视的不仅仅是这些华而不实的服饰，还有那些整日无所事事、目光短浅、庸俗不堪的贵妇。香奈儿希望每一个女人都是自由的，至少在身体上是自由的。

香奈儿的缝纫手艺一流，在服装设计方面更是表现出了极高的天赋。闲暇时，她会自己待在房间里用买来的材料制作帽子，还利用很多旧衣物设计出别出心裁的服装，并在聚会的时候穿上。她穿裤装、打领带，喜欢展示自己所创造的时尚，也喜欢看到别人惊讶而又嫉妒的眼神。

比起所谓的聚会交谈，喝酒聊天，香奈儿更热衷在赛马场上一展风姿。

在当时的人们眼中，骑马赛马是男人们的运动，娇弱的女人根本不适合。香奈儿生来就有一种不服输和执拗的精神，越是别人不看好自己的事，她越信心百倍，想要做给他们看。香奈儿暗暗下定决心，她要让所有人对自己对女人刮目相看。

巴勒松骑术精湛，拥有许多马匹，他之前常常教香奈儿骑马。那时，香奈儿在他心目中还是特别的，她的洒脱、自由、奔放都是那么的与众不同，因此，他愿意看到香奈儿骑在马背上。

而香奈儿确实有一种骑师该有的素质，只要自己决定的事，香奈儿就会尽全力做到最好。巴勒松在的时候，她向巴勒松请教骑马的技巧；当巴勒松忙的时候，香奈儿就会自己去找驯马员、赛马师请教。

靠着这样的认真态度和坚持不懈，香奈儿的骑术愈发精湛，甚至超过了很多男子。巴勒松对此特别惊讶，其他人也对香奈儿另眼相看，那些上流社会的女人对她更是又羡慕又嫉妒。

　　比马术更亮眼的，是香奈儿在马背上的服饰和装扮。她可不会像那些贵妇一样穿着烦琐。她将自己打扮得整洁利索，宛如一个假小子。她下身穿着有点类似马夫样式的裤子，上身穿着自己用巴勒松的旧衣服改做的高领衬衫，打上领带。她还将自己的头发扎起来，编成干练的辫子，再戴上自己设计的样式简单的帽子。这样的穿着让香奈儿感到自由舒适。这种大胆的穿衣风格让人耳目一新，底下那些拖着裙子的女人们眼巴巴地望着，却没有人敢像香奈儿一般尝试。

　　马背上的香奈儿潇洒肆意，骄傲而又自信。她穿着自己喜欢的衣服，做着自己喜欢的事，这一刻她才是一个完整的自己。

　　实际上，比起优雅或者独立，更能体现她的特殊气质是"敢"。她可以不顾偏见，毅然跨上马背，也可以打破束缚，展现自己独特之处。她有一种敢于反抗、敢于打破传统、敢于展现自我的勇气。

　　当时的香奈儿真的是个异类或者怪胎吗？那些表面上对她的穿着嗤之以鼻的名媛们私底下却在讨论她的衣服是从哪里定做的，她的帽子是从哪里买的，香奈儿只不过是做了她们想不到更不敢想不敢做的事情。

　　如同所有的天才和与众不同的人一样，香奈儿身上自带偏执狂的特性。她有着自己擅长的领域，并希望通过自己的努力在这一领域掀起一番惊涛骇浪。她天生就是劳碌命，过不了清闲的生活，这也正是她骨子里所带的倔强和自尊的驱使。她不喜欢一辈子靠男人，她要独立自立。

　　这样一位女骑师，她在马背上就已经预言了新的时尚潮流。

　　这个在修女院长大的女孩，用自己的方式在传递着关于时尚、关于潮流的新认知。这时的她也许仅仅是为了好奇和舒适，但是，这预示着属于香奈儿的时代开始了……

开一家小店，向着太阳的方向

男权主义盛行的时代，女子似乎必须依靠男人而生存。于是，很多女子挤破头都想要嫁给某个富贵公子，以确保自己来日衣食无忧，平民如此贵族也不例外。

香奈儿曾描述过这样一个情景：一群衣着华丽的女人穿梭在宴会之中，她们时不时悄悄打量着某一位男士，或者为自己选择佳偶，或者为女儿选择如意郎君。她们奔波于大大小小的宴会场，似乎挑选男人是一件极其重要的大事。

那个时代，女人们的思想就禁锢于此，只要自己所依附的男人强大，就没有什么可以担心的。殊不知，这样的生活才是最不稳定的，世界上最可靠的从不是男人，而是女人自己。

在那个时代，这种超前的思想不止香奈儿一位女性拥有，但敢于付诸行动的却只有香奈儿。

1908年，香奈儿已经在巴勒松的庄园里度过了三个安逸的春秋，她感觉自己已经身心俱疲，她知道自己不能再过这样看人脸色花钱、依靠男人的日子了。

香奈儿逐渐对这种生活失去了新鲜感。帽子的大受欢迎令她产生了新的想法——做一名职业的帽子设计师。香奈儿知道这一步看似简单，却不容易跨出去。

香奈儿独立女性的气质在此刻完全凸显出来了。与别的女人不同的是，她不会也不愿意去享受奢靡却毫无意义的生活，她更乐意自己去创造生活。

太阳慢慢从地平线升起，纵身一跃跳上了枝头，香奈儿决定开始寻找新的生活。她想拥有属于自己的事业。

　　香奈儿又一次向巴勒松提到过她要开店的想法，毫无意外，巴勒松强烈反对，因为如果他同意了香奈儿开店的请求，就要在资金方面为她作担保，对于这样平白无故增加风险的事，聪明的巴勒松又怎会心甘情愿；再加上香奈儿坚持要把店面开在巴黎，这样一来就会远离贡比涅，这让巴勒松非常不满。

　　巴勒松认为，香奈儿开店的想法只是一时兴起，过了这一阵也许就会慢慢忘记，只是他没想到香奈儿这一次比任何时候都要坚定都要有毅力。

　　一连几个月，香奈儿每天都在巴勒松的耳边反复提自己开店的打算。禁不住软磨硬泡，巴勒松勉强答应香奈儿可以在贡比涅开一家小帽店。但香奈儿没有满足，她的眼神却无比笃定——必须将店面开在巴黎街头，两人不欢而散。

　　在这之后的一段时间里，香奈儿每天想的都是怎样说服巴勒松，而大概是为了躲避香奈儿的纠缠，巴勒松去了阿根廷。谁也没想到的是，巴勒松的离开，却成了香奈儿事业的开始，因为此时，她遇到了一个从心底里赞美和欣赏她的男子，那就是香奈儿的一生挚爱——亚瑟·卡佩尔。

　　讽刺的是，亚瑟·卡佩尔与艾蒂安·巴勒松是好友，两人在生意上有合作，而香奈儿也正是通过巴勒松的介绍与亚瑟·卡佩尔相识，并慢慢成为知己的。

　　我们无从得知，在巴勒松不在的时候，他与香奈儿之间发生了什么。但正是在他的支持和鼓励下，香奈儿下定了决心，离开了贡比涅这座禁锢她的牢笼，奔向了时尚浪漫的巴黎。相较于安逸无忧的生活，香奈儿选择了奔波，选择了自由，更是选择了爱情，选择了独立。

　　有人说，从巴勒松到卡佩尔，香奈儿不过换了一个男人，有什么不一样。当然不一样！如果香奈儿继续和巴勒松在一起，那么她一辈子只能是一个上不了台面的情妇，没有未来，没有梦想，更没有尊严。卡佩尔却不同，他理解和尊重香奈儿，乐于在事业上支持她。

卡佩尔对女性从来没有偏见，他曾说很长时间以来女性不被尊重和重视，被自己的丈夫看作低等动物、拖累甚至是玩物，但是现在女性已经慢慢觉醒，开始将自己从传统的束缚中解放出来。对于通过取悦别人还是依靠自己养活自己，女性有权利做出自己的选择。

实际上，三人之前在巴勒松的庄园也曾探讨过香奈儿开帽子店的问题。在卡佩尔的帮助下，巴勒松许诺可以将他位于巴黎马勒塞布大道上的公寓借给香奈儿使用。这在当时其实仅仅是一个搪塞之言，但现在却成了香奈儿事业的起点。

在卡佩尔的帮助下，香奈儿来到了巴黎，把巴勒松的公寓作为自己的店面，资金则由卡佩尔解决，就这样，香奈儿的帽子店终于开业了。

一段时间之后，巴勒松知道了香奈儿和卡佩尔的关系，但他表现得十分绅士。他没有切断与两个人的联系，也没有收回给香奈儿使用的公寓，而是任由三人保持这种微妙的关系。

巴勒松的公寓位于巴黎繁华的马勒塞布大道上，有着很多潜在客户。

就像从石缝中钻出的小草，经过漫长的等待和在黑暗中的坚持，香奈儿终于迎来了属于自己的春天，也找到了自己存在的价值和生活的意义。

忙碌的日子总是过得很快，香奈儿享受这样的生活。她沉醉于设计，痴心于工作，偶尔闲暇时会与卡佩尔约会，享受与爱人的甜蜜时光。在她看来这才是一个女人该有的模样。

风掠过，花半开，春天的气息扑面而来，香奈儿和她的小店开始在阳光下，在春天里茁壮成长。

改变时尚的风向标，从一顶帽子开始

一顶帽子，可以如此传奇。

香奈儿和帽子有着剪不断理还乱的联系，可以说正是帽子成就了香奈儿。香奈儿作为一名普通的纺织女工，能够在穆兰小镇混得不错，依靠的是装饰帽子带来的小小名气，但是，小地方毕竟只是小地方，时尚的风怎么吹也吹不起来，更别说引领新的时尚潮流了。

在贡比涅庄园曾发生过一件匪夷所思的事情，直到很久以后香奈儿回想起来时还历历在目。

在离开小镇来到巴勒松的庄园之后，香奈儿看到这里的贵妇们每天都戴着翎羽装饰的帽子。这样的帽子华贵，优雅，却繁杂，千篇一律，她觉得有点滑稽可笑，于是就产生了新的想法。

当时巴勒松的哥哥雅克曾不止一次地劝说香奈儿一定要努力讨好巴勒松，以便能成为他的妻子。而那时的香奈儿已经认清自己的处境，已不再对巴勒松抱有任何幻想，她一心只想着自己如何能够出去工作，所以她明确地告诉雅克，自己不想成为巴勒松的妻子。

雅克像是完全为香奈儿着想，他对香奈儿的冷漠态度十分不满，并警告她，如果不听自己的话，她将来会过得很惨。香奈儿则认为他的想法可笑之极，告诉他自己现在唯一想做的就是自食其力，而不是整天被圈禁在这里。

雅克则表示香奈儿的想法太不切实际，因为他觉得香奈儿什么都不懂，还假装很厉害的样子。

事实上，在庄园的许多客人和巴勒松的众多情妇中，有很多人都十分青睐香奈儿在聚会时戴过的帽子。她们私底下不停地打听，这样简单俏皮却又富有个性的帽子是从哪里买的。

而雅克对这样的事情并不知情，所以在他眼里，香奈儿只是一个普通的情妇，只得依靠男人生活度日，至于他为什么像兄长般劝说香奈儿，这就无从得知了。

香奈儿设计的帽子到底是怎样的呢？在她跟巴勒松的一次谈话中，非常详细地描述了它。传统的贵族女帽为了显示主人地位的高贵，使用过多的装饰物，最终呈现的效果则是烦琐而累赘。

香奈儿便以此为突破口，将帽子简洁化。香奈儿所设计的帽子以最简单的平顶硬草帽为基础，装饰物以飘带、蕾丝为主，并将帽檐的形式做了一定的调整，既简单又不失优雅，而且更加实用。

有一次，艾米丽·安娜请求香奈儿给她设计一顶帽子，香奈儿根据艾米丽·安娜自身的特点设计了一顶符合其气质的独一无二的帽子。艾米丽·安娜看到的第一眼就深深喜欢上了它，并迫不及待地戴出去炫耀，还引起了不小的轰动。

产生这样的效果让香奈儿颇有成就感，她在小镇时设计的帽子受到了追捧，但她没想到的是，这些贵妇们也会对这样的帽子感兴趣。当那些贵妇知道香奈儿的帽子出自她自己的手之后，都纷纷跑过来请求香奈儿装饰自己的帽子。这些帽子成了她们的新宠。

从弃女到情妇，香奈儿从未变过的就是对梦想与未来的追求，她善于发现需求，也懂得如何抓住机遇。

在当时的法国，女帽作为女性服饰装扮的重要部分，一直以来都占据着重要位置。追求时尚、爱慕装扮的女人们，无论何时何地都要戴上一项自认为完美的帽子。赛马、聚会、拍照、画像，只要是能够展现自己的时刻，帽子必须如影随行。

也正是如此，帽子旳装扮就显得尤为重要。每一个人都希望自己的帽子是独一无二的，是最好看的。小小的帽子似乎变成了没有穷尽的储物间，不管是五颜六色的羽毛，还是精致的标本，又或者是漂亮的花卉，只要能使得自己的帽子引人注目，她们就会把所有精巧的东西堆砌在上面。

但最终呈现的效果不免喧宾夺主。

于是，香奈儿用一顶帽子改变了时尚风向标。

无论是在贡比涅庄园还是置身于巴黎的宽广街道，人们对于时尚的需求并没有太大的改变。从某种意义上来讲，贡比涅庄园是一个小型的上流社会。它不是完全没有时尚因素的落后乡村，相反它是最能反映时尚需求的一个缩影，因为在那里来往的人们非富即贵，他们同样也是追求时尚的先行者。

因此，在巴黎，香奈儿依旧沿用在贡比涅庄园的设计理念——简单实用、优雅端庄。她买来了更多普通的平顶帽，在此基础之上加入自己的想法和设计元素。

香奈儿最初的客户只是在庄园里认识的朋友和巴勒松的一些情妇，后来他们也会带着自己的朋友来。就这样口口相传，香奈儿旳小小帽子店有了更多的客人，名气也越来越大。但是香奈儿想要的远远不止这些。

她明白自己要想在时尚界占据一席之地，仅凭现在旳本事是不够的，她要不断努力学习，不断吸取经验，不断拼搏进取。

当你在做一件正确的事情时，向来都不会孤军奋战，总会有人在不起眼的角落里默默关注和支持你。

香奈儿的好学精神吸引了一位年轻的设计师。这位设计师曾在巴黎一家有名的女帽厂工作，可以说十分有经验，缝纫技术也很精湛。

由此香奈儿的生意更加火爆起来，不过这也仅限于小范围之内，香奈儿尚且没有能力颠覆时尚的走向。当时引导巴黎时尚潮流的是一位名叫保罗·普瓦瑞的设计师，他凭借自己的作品从年青一代中脱颖而出，受到了大众的追捧。与他相比，香奈儿便逊色了许多。

但是香奈儿并不认同他的设计，我们可能会认为她是出于嫉妒，不过之后，香奈儿用实际行动告诉我们，她是出于专业眼光。对此，香奈儿表示："我崇尚美，但是讨厌徒有其表的东西。"

像保罗·普瓦瑞设计的那种换汤不换药的帽子尚且能成为引领时尚潮流的标志，香奈儿的心中又有了无尽的遐想，她要让自己的设计成为时尚的标杆。

于是，香奈儿开始不遗余力地为自己的帽子做宣传。不仅自己戴着在大街上漫步，就连和卡佩尔约会都不会放过。特立独行的人向来引人注目，更何况香奈儿。

那时的香奈儿就已经知道"名人"带来的效应，她让参加演出的朋友戴上帽子为自己宣传。与此同时，卡佩尔竟说服了著名歌剧院的演员戴上香奈儿的帽子演出，或许真正的原因是，她们也喜欢香奈儿的帽子。

就这样，在明星效应的推动下，时尚的风向标彻底发生了转变，"可可·香奈儿"成了巴黎大街上流行的标志。

第三章

打破美丽枷锁的追梦者

摆脱男人，成为自己的女王

随着香奈儿女帽知名度的打开，小小的店铺已经容不下众多追赶时髦的女人，香奈儿决定将店铺设在更为宽广的街道旁。而此时卡佩尔的个人资产也在不断增加，他想给香奈儿一个惊喜，于是在康鹏街租了一家店铺，预付了定金。

在一次浪漫的晚餐过后，卡佩尔将这件事告诉了香奈儿。在卡佩尔眼里这是一件极度平常的事情，他不过是为了讨女友的欢心。但是，敏感的香奈儿感受到的却是委屈和愤怒，她觉得在卡佩尔眼里，依旧把自己当作情人，她希望在爱情里的两个人是平等的，至少在经济上她不要依附男人，这一次，她想自己支付开店的成本。

卡佩尔无意间的举动击碎了香奈儿本就刚刚才建立起来的脆弱外壳，当她满心欢喜地以为自己已经不再依靠男人，可以靠自己养活自己时，才发现不过是自己以为。归根结底，香奈儿对自己的经济实力还是不够自信，她将卡佩尔的无意之举当成了含沙射影，又或者，卡佩尔在心里本就觉得她还不足以养活自己。

香奈儿本以为摆脱了巴勒松就是摆脱了男人，但现在看来自己的想法可笑之极。但香奈儿会认输吗？这显然不是她的性格。生气过后香奈儿冷静下来，她明白即使自己与卡佩尔闹别扭、冷战，问题依然得不到解决，与其如此，还不如到康鹏街去，真正地改变自己的处境。想到这，香奈儿便打定了主意。

巴黎，这座富有风情的浪漫之都，是时尚的聚集地。时尚在此诞生，也在此停留，更由此蔓延，而康鹏街正是巴黎的时尚中心。这条街道并不宽敞，却到处都是品牌店，是商家们青睐的黄金地段。

香奈儿雄心勃勃地来到了这里——康鹏街21号，更加投入工作当中。她设计多种多样的帽子，亲自为客人挑选款式。她眼光独到，只要看一眼就知道她们适合什么样的款式。

香奈儿的生意越来越好，越来越多的财富进入她的口袋，这一次她有了足够的底气和资本。

香奈儿高兴极了，她终于靠自己摆脱了贫困，不再是别人口中"永远只能贫穷，只能嫁给农民"的寒酸女子了，她也可以在卡佩尔面前挺直腰杆，告诉他自己可以完全承担自己的花销了。

时间的流逝总是不经意的，它会带走痛苦，也会带走阴霾。香奈儿终于守得云开见月明，明媚的阳光踩着匆忙的脚步满满当当地挤进了她的生活。

与卡佩尔在一起的时候，香奈儿开始与他分享自己的工作趣事和烦恼，也会时常炫耀自己今天卖了多少帽子，挣了多少钱。在她眼里，这已经不是金钱，而更多是握在自己手中的筹码——自己不用在经济方面依靠卡佩尔。

香奈儿没想到的是，这种她自认为美好的生活只持续了很短的时间，短到像是一场梦。卡佩尔一句"亲爱的，你并没有赚到钱，反而欠了银行很多钱"让正在兴致勃勃诉说的香奈儿一下子就坠入了冰冷的深渊。

香奈儿无比震惊、疑惑、不敢相信，但是事实就是如此残酷地摆在了她面前，由不得她不信。

卡佩尔告诉香奈儿，她是赚了不少钱，但同时她花得更多。

一个经历过生活窘迫的人，在穷苦时，会看重每一分钱。等到了生活富足之后，她的心里对金钱并没有过多的概念，只知道自己不需要再绞尽脑汁地省钱了，于是花钱似流水，却还不自知。

更令香奈儿受到打击的是，在自己经济状况出现如此大的问题时，银行方面却并没有第一时间通知自己，反而将电话打给了卡佩尔。这让香奈儿产生了深深的挫败感，原来，在外人眼里，自己依旧是那个依靠男人的情妇，是需要男人喂养的寄生虫。

香奈儿深陷失望与落寞之中，她努力说服自己接受这样的现实，又扪心自问真的甘愿如此吗？伤心自责之后是深刻的反省和顿悟，香奈儿才不会这样轻易认输。

香奈儿先给自己制定了一系列规定，以改掉自己花钱大手大脚的毛病，接着她又在店里告诉自己的助手："我来这是为了赚钱，以后没有我的允许，任何人不许乱花一分钱。"

我们总以为时间不会那么轻易地溜走，于是坐在时光里静静地观望，却不知时光最易把人抛，红了樱桃，绿了芭蕉。香奈儿在时光的沉淀下，逐渐收起了少女的冲动和天真，多了几分成熟女性的睿智和冷静。

香奈儿学习理财的同时，生意也更加红火。这一次她只想着把生意做到最好。强求总是不尽如人意，坦然却能得到回应，不再强求的香奈儿却在不经意间达到了自己当初费心尽力想要达到的目的。她偿还了自己所有的债务，并且将卡佩尔当初为自己所出的资金也如数奉还。卡佩尔告诉香奈儿她实在没必要这么做，两人之间早已不必分得如此清楚，但是香奈儿表现得十分坚定。

卡佩尔这才意识到，他完全小看了这个女人。在为香奈儿感到高兴的同时，这个骄傲的男人也产生了失落之感。女人的依附会让男人的自尊心得到极大的满足，卡佩尔也不例外。虽然他一直支持并尊重香奈儿，希望她有自己的事业，希望她能够成为一个独立的女性，而当这一切实现的时候，卡佩尔才意识到一直以来，他表面上虽然支持香奈儿，但是心底里却从不认为她能够真正摆脱男人，甚至当他收到银行的催款电话时，他心旦是十分欢喜的。

香奈儿终于达到了自己的目的，成了真正意义上的女王。女人可以做男人的公主，但是在经济上一定要做自己的女王。香奈儿心中的天平偏向了事业的一端，爱情之于她似乎不再那么重要，这也正是卡佩尔所担心的。但是香奈儿却无比确定自己所做的一切都是正确的。女人可以是身体上的弱者，但一定要做思想上的强者；女人可以在任何事上依附男人，但唯有经济独立，方可在爱情中与男人站在同等的高度。

这便是香奈儿，一个只为做自己的女人。她可以在卑微中怀揣梦想，也可以在诱惑中不忘初心。她不喜欢做一只柔弱可爱的宠物，任人玩弄；也不愿做一只提线木偶，受人操控。她情愿放弃安定，经历波折，不断努力，做一个高高在上、霸气果敢、充满自信的女人。为此，她不惜一切。

惊艳巴黎的"小帽商"

巴黎，向来不缺乏浪漫，也无须有人来填补时尚。它有着自己的独特魅力和风格，包容着千姿百态的人们，也包容着别具一格的潮流。

在巴黎这样的城市中，无论是商人还是设计师，似乎都如同投入湖中的石子，在激荡起阵阵涟漪之后，便归于沉寂了。

香奈儿的出现，就像她所设计的帽子一样，简单却足够惊艳。而巴黎对待这个女子，似乎也格外恩宠。

回想刚过去的一段时间，就像是梦境一般令人难以置信。谁能想到仅仅是在去年，香奈儿还被困在富丽堂皇的庄园之中，整日郁郁寡欢，时隔一年，香奈儿却有了翻天覆地的改变。

到了1909年，香奈儿设计的女帽在巴黎时尚界就有了崭露头角的势头。一年之后，香奈儿的女帽越来越受欢迎，香奈儿本人也因此登上了《高莫迪亚画册》的杂志。

杂志上的香奈儿，纤瘦，也不如模特高挑，但她拥有与生俱来的女王风范和时尚感。她戴着自己设计的帽子，骄傲而又自信。她用自己独特的气质将香奈儿女帽的别样风情演绎得淋漓尽致，整体中透露着的正是香奈儿一贯的风格——简洁而自由。

经典向来不烦琐，简单却经久不衰，尤其在时尚界，一直如此。《高莫迪亚画册》杂志给香奈儿冠以"年轻艺术家"的称谓，并评价她正占据着时尚界的主导地位。

香奈儿凭借自己的实力，终于在时尚界有了一席之地。她不再是在社会底层挣扎的弃女，也不再是某个军官的情妇。她是艺术家，是商人，是独立的可可·香奈儿。

她的到来，打破了由传统定义的时尚。她将自己要冲破束缚的愿望体现在设计中，同许多关在笼里的鸟儿们一样，她想要的是飞向蓝天，拥抱自由，这恰恰也是很多女人想要的。

正如一些人评价香奈儿的帽子一样，似乎并没有什么精致出彩之处，但就是与众不同，充满了反叛精神，这正是香奈儿最特别的地方。她了解女人，更了解她们的需求。

在逐渐有了名气之后，小小的公寓已经盛不下太多的客人，也盛不下香奈儿的野心。

香奈儿所到之处，追随而来的是女人们好奇的目光和想要探究的心。

有一段时间，总是有一群女人到店里来，她们会好奇地上下打量香奈儿，也许想一探究竟，看看所谓的引领潮流的艺术家到底是何方神圣。香奈儿却感到十分不自在，以至于她后来干脆躲起来，打发助理去接待那些指名道姓要见她的客人。

香奈儿十分善于观察，不久后细心的她便发现自己越是躲起来，越是能勾起别人的好奇心。

慢慢地，那些好奇的女人越来越频繁地光顾香奈儿的帽子店，她们成群结队地来，恋恋不舍地走，像是受到了什么召唤或是指使，总想一睹香奈儿的风采。也许是以香奈儿为榜样来衡量自己的不足，也许是为了证明自己比她更美。不管是嫉妒、不安又或者只是单纯的好奇，香奈儿在这些女人中成了一个神奇的存在。

但实际上，此时的香奈儿无论多么风光无限，她的内心依旧是自卑和孤独的。最初，她不愿意见客户，是怕受到别人的嘲笑和讽刺，后来开始害怕与别人进行单独交流，尤其是眼神的碰撞。所以，她宁愿选择躲在后面。

越来越多的人开始到香奈儿的小小店铺里买一顶自己喜欢的帽子。但是，所有设计总不能一成不变，所谓灵感也不会时刻迸发。

香奈儿遭遇了瓶颈，也是此时，她更加认清了自己——关于时尚，关于设计，自己还有很多需要学习的东西。

香奈儿开始以虚心的态度，接受那些中肯的建议，不管它是否专业，只要对自己有价值，香奈儿都会接受，调整自己的设计。她希望能够融入更多的想法和更复杂的理念，以得到更多人的认可。

专心的设计，虚心的求教，使得香奈儿的事业又上升到了新的高度。她从来不知道什么是满足，也从来不知道前行的尽头。

在女帽领域有所成就之后，香奈儿这个"小帽商"产生了进军时装界的想法。当然，这并不是一时兴起，一直以来，香奈儿对时装都有着浓厚的兴趣，来到巴黎之后，这样的兴趣就更加强烈了，不过迫于时机和财力，香奈儿一直在等待。

而今，香奈儿觉得时机成熟了。这个用帽子打动了人心的女子，想着用时装来惊艳整个巴黎。即使前路未可知，只要想到了，便下定决心去做好它。这就是可可·香奈儿，一个从不拖泥带水的女人。

不久后，康鹏街21号开始兼营服装。

香奈儿对时装有自己的认知，她发现，尽管巴黎是一座时尚之都，生活在这座城市的女人们比其他地方的人更爱美，但是，她们对时尚的追求依旧停留在过去，压抑在束缚当中。

香奈儿已经意识到，一切华而不实的东西都不会长久。

香奈儿说自己曾经也幻想穿上美丽的衣裙，穿上那些点缀着无数装饰的华衫。童年时，她会在衣服上点缀花边和丝带，但经过时光的沉淀，香奈儿成了简单主义的崇尚者。她觉得既美观又便于行动的衣服才是值得购买的。然而，想法是独特的，但面临的挑战却是艰巨的。

香奈儿无时无刻不为此努力着，聪明人的努力向来不会白费，因为她知道如何冲破障碍，因为她不会轻易放弃。

经过很长时间的努力，香奈儿终于设计出了不同于以往风格的服装。它们像一缕清风在巴黎的时尚界飘荡着，在给女性带来简洁和清爽的同时，更带来优雅的解放，也正是她的审美观颠覆了过度塑造人体自然曲线的陈旧观念。

不管是"小帽商"还是服装设计师，香奈儿一直在用自己的方式诠释着对美和时尚的理解。不管她是什么身份，只要是她，就足够惊艳巴黎，惊艳时光。

战争前的盛名

在时尚这条路上，香奈儿从不退缩。

不管是遭遇强劲的对手，还是经历经济大萧条，甚至于战争的爆发，都无法阻止香奈儿前进的步伐。

悬崖之上，苍穹之巅，无论何时何地，香奈儿留给世界的总是一抹靓丽的背影。

是的，她始终没有停止创造时尚，追寻时尚。

人和物需要与时俱进，时尚同样不能停滞不前。

怀着这样的想法，香奈儿将对女性服装的认知用一件件实物直接表达出来。

于是，在一战来临之前，香奈儿毫不犹豫地开始涉足服装领域。

女星多扎特成了她的第一个顾客。但由于某些原因，多扎特始终没有穿着她的衣服登上舞台或者杂志封面。不过她在私下经常穿着香奈儿设计的衣服，并在一次晚宴中引起了一位伯爵的注意，那件纯洁如雪的白色吊带功不可没。

1913年，多扎特的好友安娜·奥兰迪穿戴着香奈儿最新款的女帽与长裙首次登上了巴黎时尚专栏。

奥兰迪是著名的交际花。她的穿着打扮一直以来都占据着时尚的最前沿，是引领潮流的风向标。这次的亮相无疑吸引了大众的眼球，也为香奈儿的品牌做了最直接的宣传。

自此，康鹏街21号的生意如日中天。

香奈儿野心勃勃，随着生意愈发火爆，服装的愈发流行，康鹏街无法再满足她的欲望。此时的她，将眼光跳出巴黎市区，望向了更远的地方。

1913年夏天，她到距离巴黎200公里外的南部小城杜维埃度假。她站在高高的看台上时刻关注着卡佩尔赛马的状况，一个新的计划却在脑海里逐步显现。

杜维埃毗邻英吉利海峡，是一个兼具乡村风光与都市情怀的海滨城市，也是英法两国富人流连忘返的高级娱乐场所。他们经常到这里观光游乐，享受赛马、赌博和购买奢侈品的快乐。

而真正吸引香奈儿注意力的是大批时髦女人频繁出入精品服装专卖店，将大批衣服从店里面运回自己的家里。香奈儿明白，这儿有自己正在寻找的商机。

即使第一次世界大战的脚步声越来越近，香奈儿还是决定在杜维埃开设第二家香奈儿服装精品店，进一步打开市场。

女帽可以引领时尚潮流，服装也可以名扬四海。

经过反复比较，香奈儿在处于赌场与海滩之间的贡托·比伦大街租下了一个店面，将自己的事业领域拓展到了康鹏街以外。

画家索洛丽亚·巴斯第达曾创作过这样一幅作品，名字叫作《海滩漫步》：夕阳微醺，长空如镜，一个女子拿着纯色的遮阳伞。海风扬起，她身后飞舞着白色裙角，层层叠叠的裙边随之摇摆。背景是杜维埃海滩，金色的沙滩映衬着碧蓝的海水，温柔地起伏着，丝毫看不到战争即将到来的痕迹。

那画中的女子或是香奈儿，或是她的顾客。

在杜维埃度假的这段时间，安逸的环境，欢畅的氛围激发了香奈儿新的灵感——女人要像花草树木，自由而又自然。

由此，她发明了女式运动装和宽松舒适的日装。

她选用透气吸汗的泽西面料来制作户外针织衫，现在看来再平常不过。但在当时，这种面料被认为是除了做内衣外不适合做任何衣服的廉价面料，也被大多数设计师打上了"低端寒酸"的标签。

但香奈儿说："面料哪有高低贵贱之分，每一种面料既可以做成最好的，也可以做成最差的。"

香奈儿就是如此，她从不绝对否定一个事物的价值。她对待人生的态度一如看待面料，她不相信天生既定，也不害怕是否有悖传统，更不相信那些所谓的说辞，在她看来，只要想做，一切皆有可能。

现在，她要做的就是打破面料阶层的界限，刷新人们对面料的认知。

除了泽西面料之外，香奈儿还使用了另一种工薪阶层较为青睐的法兰绒面料。

1913年秋天，用这两种面料制成的衣衫出现在了杜维埃最繁华的街道贡托·比伦街，而那间名为"CHANEL"的服装店似乎是安徒生童话故事中的魔法城堡，吸引着越来越多的人争相光顾。

而香奈儿的创新也不再局限于面料的改变和仅仅宽松的样式之上，她在保证服装舒适自在的基础之上设计出了更多样式的服装，例如喇叭裤、直筒裙、休闲衬衫等。

不久之后，康鹏街和杜维埃分店生意十分火爆，甚至接到了不少来自海外的订单。

香奈儿的时尚从这两条长长的街道开始席卷了整个巴黎市区和杜维埃，甚至对世界上其他国家和地区也产生了一定的影响。

　　至此，一战前巴黎的大街小巷出现了许多身穿宽松针织衫、喇叭裤、直筒裙，不再裹胸束腰的女性。她们是新时代女性的代表，也是香奈儿辉煌的助力者之一。

　　战争的脚步越来越近，但坚强的香奈儿并不惧怕，她心中强大的信念时刻支撑和鼓励着她继续向前，永不退缩。

战争中的铿锵玫瑰

　　战争就像一只来势汹汹的野兽，无论你在做什么，都要为它让行。没有人喜欢战争，但同样也没有人可以拒绝战争。

　　战争向来是无情的。每一发炮弹的落下，会毁灭多少人家，每一颗子弹过后，也许就有一颗灵魂与这个世界永别。

　　当太阳渐渐升起，照耀着已经被鲜血染红的土地，战场上的他们，已经麻木，就像一台机器，没有感情更没有灵魂。

　　那些年轻的脸庞，他们还没有好好地享受自己的青春，还没有邂逅一个美好温暖的女子，就已经在战争的硝烟中消失了。战争到底带来了什么？无情的践踏、对生命的漠视、无尽的欲望……战争又留下了什么？留下的是鲜血、落寞、满目疮痍的家园以及永远无法弥补的伤痛……

　　不管你是多么的抗拒，多么的不情愿，战争还是迈着它紧张有序的脚步来到了你的面前。

　　1914年8月3日，德国向法国宣战，第一次世界大战爆发。战争涉及多个西方国家，沉浸在富足生活中的人们，瞬间被无情的战争拽入了痛苦的深渊，顿时，混乱一片。

战争的到来，打乱了所有人的生活，卡佩尔也不例外。所有的男人都要去前线支援，女人、孩子以及老人则留在家中。战争迅速扩大，受到波及的范围越来越大。到了8月下旬，德军已经逼近了巴黎郊区，很多巴黎人开始争先恐后地逃亡，其中有平民也有贵族，大多数是女人。她们不再依仗这座繁华的大都市，辗转去了尚且平静的杜维埃。

实际上，她第一家正式的服装店铺就在杜维埃。战争爆发前，她本想在此大展拳脚，然而事实总是不尽如人意。

相比于那些匆忙逃亡的人们，香奈儿似乎并不是那么害怕战争。所有的事情都像硬币一样，存在两面性。在战争的残酷背后，香奈儿却看到了发展的机遇。

远离爱人陪伴的香奈儿似乎必须从事业中寻求慰藉，别人越脆弱，她却愈发坚强。

战争在给人们带来精神上压迫的同时，更带来了身体上难以承受的痛苦。无端的战火，纷飞的炮弹之下，眨眼间，一个完整的人就会变得残缺；同时，大规模的疾病往往会伴随着战争而出现，伤痛与疾病让人们苦不堪言。医院里到处都是哀号，越来越多的伤残人员被抬进来。很多上流人士也到医院当志愿者。

逃亡而来的女人们，她们离开得匆匆忙忙，只随手带了一些必需品，但是女人毕竟还是女人啊，爱美的天性永远不会变。但是那些原来奢华烦琐的衣饰在战争的背景下是那么格格不入，而且，她们也没有多余的钱再去买这些昂贵的衣服。

男人们的离去，预示着女人们要承担起家庭的重担。她们要挤牛奶，要搬运重物，要护理伤员，甚至要开车，要到工厂干重活。她们需要利索的行动，需要简便的服饰。

我们也常说，一次战争会让一个国家的经济倒退十几年甚至几十年。的确，战争爆发的地方，人们的生活水平直线下降，人们最基本的需求是温饱，当这样的需求都无法满足时，也不再对其他的虚化的美好抱有希望和要求。就连所谓的贵族、上流人士，也不再讲究品位或者身份，一张床足以酣睡，一碗饭得以满足，所有的华丽和尊荣在战争时代都是不必要的浪费和毫无意义的存在。

香奈儿意识到，不管是在为生计忙碌，还是在医院中当志愿者，这些女人们，尤其是贵族女人，需要简单且实用的衣服，而且她们心中对美和时尚的追求却从来不曾改变。

从社会底层爬上来的香奈儿，经历过底层女子的生活，同样也深谙贵族女子的习性。她十分清楚女人们想要的是什么，于是，在几乎所有的店铺都关门大吉之时，香奈儿的服装店却迎难而上，在战争的硝烟中静静地矗立，如同她自己一般。

香奈儿的想法很快就得到了实践的验证。某一天她将自己改造过的一件毛衣穿上街之后，竟有人问她是从哪里买的。她将老旧的套头毛衣从中间剪开，再将刀口处装饰，配以蝴蝶结等装饰物。这一番改造使得旧毛衣焕然一新，虽然比不上真丝绸缎的精致，但是这已经极大地满足了身处战争中的女人们对美的渴望。

香奈儿从中大受启发，人们正是需要针织品这样塑造性极强、价格低廉、穿着简易的服装。

香奈儿先将店铺中剩余的针织面料和自己的旧衣物结合起来进行改造，无一例外，全都卖了出去。香奈儿的小试牛刀大获成功，她决定在杜维埃全面推出针织服饰。

然而，物资匮乏是香奈儿不得不面对的问题，战争年代，所有东西的获取都变得不是那么容易。但是，我们的主人公香奈儿总是会把不可能变成可能，将困难化为容易。

香奈儿并没有将目光放在专门生产针织面料的地方，而是收购了法国劳动人民最常使用的针织面料。这样的面料有些粗糙，看起来也不上档次。不过，我们完全无须担心，香奈儿的手，总能化腐朽为神奇，让人穿得舒心。

这样的服饰一经"上市"，就以迅雷不及掩耳之势占领了市场，一时间竟供不应求。香奈儿也未曾预料到会出现如此火爆的场面，为了保证货源的稳定，她不得不将制帽工都培训为裁缝。

越来越多的贵妇来到香奈儿的服装店。对于她们来说，这不仅是一间店铺，还是能够让她们在这残酷凄凉的时代寻求一丝慰藉的地方。

既然注定了要在服装界大放异彩，那么不管有没有战争，都无法阻挡香奈儿前进的步伐。她经常在店里举办活动，拴住老顾客，吸引新顾客。也许，放在和平年代，那些贵妇们对香奈儿并不会产生如此信任和依赖之感，也正是由于战争，香奈儿收获了大量贵妇级别的超级粉丝。

香奈儿店铺的生意愈发红火，甚至一度超过了战前。

香奈儿没有想到的是，自己曾经以为能够在运动、赛马活动中派上用场的服饰却意外地满足了在战乱中苦苦寻求美好的人们。这些宽松舒适又不失美感的衣服满足了人们的需求，让女人们彻底从烦琐中解脱出来，让那些早已想要追寻自由穿搭的人们更加坚定，不再迷茫，这何尝不是一种进步？

此时，香奈儿的姑姑艾德里安也从巴黎赶来投奔她。同时，香奈儿收到了来自哥哥阿方斯的家书，信中说道，他和弟弟一同参了军，让香奈儿帮忙照顾自己的妻子。

香奈儿立刻给哥哥回信，让他们好好保重身体，并且会抽时间写信给他的妻子。此外香奈儿充满希望地写道，也许这一切比我们想象的要更快结束。

在黑暗的笼罩之下，香奈儿的心中从未失去过对光明的信仰。尽管时局动荡，生活一片混乱，香奈儿依旧按照自己的步调有韵律地前行，她始终相信，黑暗不会永远停留，光明将会如期而至。

1914年12月，战事逐渐缓和，香奈儿决定将工作重心转向巴黎。

战后的巴黎，已经失去了往日的繁华热闹，但它时尚之都的地位却不曾被撼动。

很多精明的商人对战火都避之不及，特立独行的香奈儿又一次反其道而行之。在经过一系列考察和探访之后，香奈儿决定在风情小镇比利亚茨开设服装分店。

作为唯一可以买到衣服的店铺，香奈儿的事业在这一时期得到了迅速发展，她敢于在战争中寻找机遇，也敢于在动乱中抓住机遇。

她像一位身披铠甲的勇士，在弥漫的硝烟中，一次又一次穿梭于比利亚茨与康鹏街之间。香奈儿旗下员工超过300人，到了第一次世界大战结束之时，香奈儿已经是一位享誉世界的著名设计师了。

对别人而言是灾难，对香奈儿而言却是凤凰涅槃。

战争无法避免，既然不能避免何不活出最耀眼的自己。香奈儿不会做温室的花朵，她更像是一株倔强的野玫瑰，无畏战火，无畏硝烟，在废墟中依旧谱写着属于自己的铿锵进行曲。

人人向往的康鹏街 31 号

世上本就有很多事情无法预料，作为普通人的我们喜欢透过影片来观摩生活，当我们在感叹剧情的巧合和不切实际之时，却没有意识到它们正是来源于生活。

当香奈儿在康鹏街21号致力于帽子设计时，万万不会想到，几年之后，在离这里不远的31号，她会建立一个属于时装的小小王国。

传奇的女子身上总有着一股特殊的吸引力，即使我们不曾与她们相遇，也不曾与她们交谈，更无法参与她们的生活，但是这样的吸引力却会使我们与她们来一场跨越世纪的邂逅。诸如张爱玲、三毛、林徽因，这样的女子，才情与生俱来，在与时光的同行中，愈发光芒四射。

而像香奈儿这样的女子，虽不是传统的才女，却将才情在不同的领域展现得淋漓尽致。她们既是如此不同，又是如此相同。

她们所处环境不同，思想不同，追求也不同，但她们同样依赖爱情，同样是那个时代特立独行的女子，同样拥有着个性。

也许，正是如此，我们无法模仿或成为她们。我们缺乏蜕变的勇气，缺乏挣脱束缚的精神，在芸芸众生中，我们只是简单、普通的一员。

于是，我们赞美她们，羡慕她们，也怀念和歌颂她们。

她们是时代幕布中倔强的剪影，亦是永不凋零的芬芳。

在香奈儿的时代，她不是唯一的女设计师，更不是最富有的女人，但她却是最特别的那一个，她用自己的力量几乎改变了整个时尚领域。

她不会允许自己有一丝的松懈，同样不会放过每一次发展的机会。

战争尚未完全消停之际，香奈儿就已经萌生了重返巴黎的念头。她心里十分清楚，战争后的巴黎，虽颓败，却到处蕴藏着商机。

香奈儿带着妹妹安托瓦内特和姑姑艾德里安回到了巴黎康鹏街。正如香奈儿所想，这座大都市中人们对于时尚的思想已发生了转变。和杜维埃一样，人们对于简单实用兼备美感的衣服更加青睐，而康鹏街21号的服装店恰好满足了那个时代的需求。

用金属支撑和束腰裹胸的时代已成为过去，主流服饰已经变成了香奈儿所倡导的舒适的运动衣和宽松的针织衫。

康鹏街21号的生意一派兴隆景象，新的远大计划开始在香奈儿的脑海中形成。

驱使香奈儿回到巴黎的另一个原因是，她太想念卡佩尔了。当她得知卡佩尔有可能会从前线回到巴黎时，她便已经迫不及待了。

虽然战争给香奈儿带来了不菲的财富和事业上的飞跃发展，但是这对她来说，都不及爱人的陪伴。此刻的她比谁都渴望和平，渴望岁月静好。

1915年初夏，前线局势一度缓和，卡佩尔再次回到了巴黎。他处理完手头的工作，就匆忙出现在香奈儿的身边，热烈地拥抱她，倾诉着自己的思念，香奈儿亦是如此。

随后，卡佩尔带着香奈儿去比利亚茨度假，享受二人时光。不得不说，有的人天生具备商人的特性，在如此美丽的地方，香奈儿看到的不全是美景，还有商机。

比亚里茨位于大西洋沿岸，西班牙边境，与比利牛斯山相邻。同杜维埃一样，这里也是一片奢华的度假区。景色唯美，浪漫气息扑面而来，尤其当夜晚来临之际，蔚蓝的海岸上微风习习，情人成双，空气中都飘散着甜蜜的情话，是旅游的胜地。同时，它的奢靡璀璨吸引着无数西班牙贵族来此，这里有豪华的赌场、庞大的游轮、夜夜欢歌的酒吧……

总之，这里的一切都充满了诱惑。

香奈儿将自己的想法告诉了卡佩尔，原以为得不到认可的她意外受到了卡佩尔的鼓励，这更让她信心百倍。

7月15日，香奈儿的第三家店铺正式开始筹备，这也是香奈儿位于利比亚茨的第一家店，同样也是比利亚茨第一家服装公司。

卡佩尔为香奈儿挑选了一家位置优越的私人城堡作为公司。香奈儿亲自参与了公司内部设计。

香奈儿让妹妹安托瓦内特管理新公司，还从当地聘请了几十名女工，这其中不乏经验丰富和能力出众者，也正是这一批女工在之后为康鹏街的服装店发展做出了不小的贡献。

当时，香奈儿任命一位名叫玛丽·路易斯·德勒的员工担任领班。路易斯之后回忆起那段时光时说：“我们加工高领套头衫，用的是泽西针织材料，而在当时别人都不敢用这种材料。针织面料的斜纹特别容易爆开，我们不得不一次次重来。香奈儿女士在这方面极其严格，一旦出现问题就会大发雷霆，对员工毫不留情面。我依然记得她穿着简洁优雅的高领衫，站在车站的深处，意气风发，指点江山的震撼场面。她的设计总会让人们眼前一亮，魔法般地吸引着人们的目光。”

香奈儿在布料使用上的创新远远不止于此。战争使人们的生活水平下降，也不再允许女人们在服装上过度浪费，香奈儿恰恰是利用了这一点。

“我决定用廉价的皮毛代替昂贵奢华的皮草，我不用再千方百计地获取沙俄的紫貂皮，也不用再为南美的毛丝鼠皮发愁，因为我开始用兔皮。我使用自然的染色。我要告诉人们去主动适应生活，遵守周边环境的生存法则，在草地上穿一件绿裙子不也很好吗？”

香奈儿对待时尚总有独特的见解，而她的独特充满了魅力，充满了吸引力，不会被人们排斥。

是年秋天，美国《时尚芭莎》刊登了一组照片，是香奈儿以泽西面料为基础设计的裙装。整体的风格依旧是简约大气，大胆的V领设计勾勒出女性颈部的柔美线条，收缩的袖口摆脱了烦琐，更多了几分干练，长度达脚踝，不至于过分啰唆，反添几分性感。

随着知名度的进一步扩大，比利亚茨的店铺接到了越来越多的订单，生意逐渐走上正轨。从巴黎至西班牙，客人们对香奈儿设计的衣服赞不绝口，声称是香奈儿给予了他们无与伦比的时尚体验。

不过，在生意渐入佳境的同时，香奈儿也遇到了难题，真可谓是甜蜜的忧伤。

由于康鹏街的生意愈发红火，香奈儿不得不频繁地往返于两地之间。烦琐的工作和来回的奔波使得香奈儿分身乏术，一时间有些力不从心；此外，香奈儿需要从比利亚茨调一些经验丰富的女工到康鹏街，以更好地发展本部。但是由于战争环境下，女工的父母都不愿自己的孩子去如此危险的地方。

然而，最困难的地方还不在此，战争使得资源匮乏，交通运输一度瘫痪，香奈儿的针织原料无法及时获取。没有原料，再多的订单也无济于事。

正在香奈儿焦急不安之时，卡佩尔带来了好消息。他从苏格兰买到了一批手工纺织呢和粗花呢。这很大程度上缓解了香奈儿的燃眉之急，但是相比香奈儿所需要的，还远远不够。

好在，巴勒松的两个哥哥为香奈儿弄到了不少平面呢，还为她介绍了一位供应丝绸的商家。通过这位商家，香奈儿认识了另一位面料供应商让·罗迪耶。

直到这时，香奈儿的原料危机才得以彻底解决。

让·罗迪耶提供的针织面料有20多种不同的颜色，但香奈儿仍旧延续她在战争中的素雅风格，像在杜维埃一样，采用简洁的灰白色和海蓝色，满足乱世中女人们对优雅的追求，同时又不耽误她们干体力活。

除此之外，香奈儿在挑选服装材料和配饰上都是亲力亲为，一丝不苟。对此，香奈儿的员工曾说道："我们只管接待顾客和赶制订单，而其他的一切都是香奈儿小姐亲自负责，包括蕾丝、花边、配饰和颜色的挑选，而她总是知道如何才能配出最美的颜色。"

这样眼光独到、认真负责的香奈儿自然受到了越来越多人的认可，她所设计的服饰也更多地销往巴黎以外的地方，香奈儿服装市场越来越大。

1916年，香奈儿的公司规模持续扩增，业务量不断增加，员工也越来越多。香奈儿真正地成了潮流的倡导者，时尚界的领军人物。人们越来越喜欢这个穿着打扮别具一格的女子。

此时，香奈儿的公司总部从辰鹏街21号搬到了31号，而康鹏街31号成了人人向往的时尚圣地，许多人慕名而来，希望能一睹香奈儿的风采。

这里是香奈儿梦想启航的地方，也是梦想放飞的地方。在不远的将来，它将成为香奈儿的时装王国。

第四章

为爱挣扎的流浪者

初见米希亚

在岁月摆下的宴席中，每个人都会或多或少地遇到自己的朋友或知己，一路走来，岁月流逝，而友谊愈发散出光芒。当你不再青春、不再张扬时，希望身边还能有一个人，互相说着"遇见你，是一场美丽的意外"。

香奈儿的生命中，就有这样一个人。

如果说巴黎是一场盛大的舞台剧，那么米希亚就是这场舞台剧的导演。

如果要给那个时代巴黎艺术圈画一个错综复杂的人物关系网，那么米希亚就是这张网的中心地带。

香奈儿的生命中不乏男性的身影，也不缺少女性朋友。但是，米希亚对她来说，是一个特别的存在，是继卡佩尔以后对香奈儿产生深远影响的人，是与香奈儿的生命交织最密切的人，是带她走进先锋时尚圈的引导者，是带她与艺术牵手的引导者，是香奈儿最亲密的女性朋友。

米希亚与香奈儿的关系已经超过了朋友，像米希亚所说，她对香奈儿一见钟情，而香奈儿也说，米希亚有千万种理由让她喜欢。

香奈儿是一个慢热的人。在外人看来，她个性冷淡，很少和女性打交道。在香奈儿眼中，女人只有两类，一类是顾客，另一类就是闲杂人。那些和她关系还不错的女性朋友大多都是通过工作或者交易发展而来的。

不过，米希亚显然是一个例外。

米希亚·赛特，著名钢琴家，出生于圣彼得堡一个波兰裔艺术世家。在身世上，米希亚比香奈儿幸运得多，她的祖父是著名的大提琴家，父亲是颇具盛名的雕塑家，还曾在沙俄皇家学校任教。而米希亚也幸运地遗传了家族的艺术基因，从小就显现出艺术天赋。

良好的家庭背景使得她有着别人难以企及的经历。童年时，她曾受到李斯特的指点，并坐在他身上弹奏贝多芬的曲子；少女时期，加布里埃尔·福莱亲自教授他钢琴课程；著名的作曲家德彪西以她为灵感写出了不朽的乐章；天才的印象派画家雷诺阿将她曼妙的身姿画于纸上；毕加索与她有着深厚的友谊；俄罗斯芭蕾舞团团长迪亚吉列夫是他的好友兼资助对象。除此之外，还有许多艺术家与她渊源颇深，是她的座上宾和资助对象……

当然，这一系列让人咋舌的经历有赖于米希亚的丈夫——法国先锋派杂志《白色评论》的编辑塔德·纳坦松。

与纳坦松结婚之后，米希亚便以"著名主编之妻""钢琴名家""杂志模特"的身份跻身先锋艺术圈，并于其中结交了众多艺术家好友，被人冠以"天才收割机""沙龙女王""艺术缪斯"的称号，开启了她华丽的艺术生涯。

那天，米希亚刚从罗马演出回来。在巴黎，她有着空前绝后的名气、声望以及崇高的社交地位，而这一切都是当时的香奈儿所不能相提并论的。

但是米希亚在见到香奈儿的第一眼就被这个比她小11岁的女子深深迷住了。谁都不曾想到，这个高高在上的女人竟像一个小粉丝一般设法坐在了香奈儿的身旁，并毫不吝啬地夸赞了她的外套。

香奈儿对于这样一个大人物的突然亲近有些意外，不过她对米希亚也有着说不出来的感觉，向来冷淡的她与米希亚十分聊得来。

晚宴结束时，米希亚再次称赞了香奈儿的外套和迷人的气质，香奈儿则站起来慷慨地将那件镶了皮草的天鹅绒大衣披在了米希亚的肩上，扬起青春的脸庞，真挚地说道："很高兴你能喜欢，那就送给你了。"

正是这个贴心的举动，让米希亚更加喜欢上了香奈儿，她觉得香奈儿就像精灵一般，灵动可人，魅力无限。

后来，米希亚在她的回忆录里对初次见到香奈儿的情形进行了详细的描述：当晚，在一群各色各样的漂亮女人中间，一张年轻的脸庞迅速吸引了我全部的注意力。她有一头深褐色的头发，身材娇小，坐在人群中一言不发，而这却阻挡不了魅力的散发。她不是最漂亮的，却是最迷人的，最特别的。我想方设法坐在了她的邻座，和她进行了交谈，得知她叫香奈儿，是一名设计师，在康鹏街有一家服装店。……临别时，她还要将自己的外套送给我，如此体贴和优雅的举动让她愈发迷人……

晚宴后的第一天，米希亚就迫不及待地去了康鹏街，去寻找那个脑海里挥之不去的身影。

在琳琅满目的货架之后，米希亚看到了香奈儿。当时卡佩尔也站在香奈儿的身旁，但米希亚眼睛从始至终紧紧追随着香奈儿，高大英俊的卡佩尔就像空气一般。连她自己也惊讶，为何会对一个认识不到一天的女人如此着迷。

对于香奈儿而言，她喜欢这个率性自然的女人，但有时对她的过分热情有些抗拒。

但无论如何，两个人的友谊自此正式拉开了帷幕，并持续了半个世纪，而米希亚也成了香奈儿唯一的女性密友。

一个似火般热烈奔放，一个似水般恬淡，这两个完全不相像又惺惺相惜的女子在不久后的将来于巴黎的艺术圈上演了一场水与火的共舞，赢得了满堂喝彩。

"麻痹"中生存的凤凰

人总是在确定和不确定中不断成长和前进。

人生来便不是自由的，但是总有人能获得心灵上的解脱。

时间一直在游走，不曾停歇过一刻。于是，生活在变，容貌在变，心境也经历了沧海桑田。

香奈儿从底层发迹，一路走来经历坎坷无数，也不是每次都信心百倍。她再传奇也是一个女人，只要是人就逃不过命运的安排。

她不停地在痛苦的边缘徘徊，也一直告诉自己，纵使沧海桑田，也要初心不变。

童年的香奈儿无疑是痛苦的，她经历亲情的背叛，经历颠沛流离，经历疾病和贫困，也许正是这样的经历造就了她坚忍的意志和不屈不挠的品格，也注定了她不能成为依附于男人的妻子。

很多时候，香奈儿对于苦难和挫折，已然有了不一样的情感。它们从小就伴随着香奈儿，与其说是折磨她的魔鬼，倒不如说是与她同行的伙伴。

在香奈儿眼中，苦难与挫折是极其平常的存在。她把它们当成自己生命中的一部分，善待它们也感激它们，但不愿提起也不愿让别人知道它们。

也许，在后来已成为设计师的香奈儿心中，这些过去的经历都是不光彩的吧，又或许，这些是她心中永远的痛，她只想把它们深深地埋葬，在心底焚香纪念。

从很小的时候开始，她就不相信祷告能够改变一个人的生活，就像她始终相信要靠自己的努力才能改变生活现状一样。

于是，她希望自己快快长大，赶快从这无助的感觉中解脱，能够自己主宰生活。

这是她为自己营造的一点微光，因这微光，她不再萌生自杀的念头。

从修女院的高墙中解脱的香奈儿，心中对未来的生活充满了无尽的遐想，然而初出茅庐、不谙世事的她自此在感情中陷入矛盾的困境。

对于巴勒松的热烈追求，她的心中不抗拒却也不敢轻易接受。母亲的前车之鉴让她始终认为男人是靠不住的，而当时的她选择的是丈夫，而非情人。

在歌剧院的女歌星的励志故事影响下，香奈儿一度想通过成为歌手而出人头地，所以那时的香奈儿一直生活在不确定中。

不确定自己的出路是否正确，也不确定是否应该选择巴勒松。

所以在踏上去往维希追梦的火车时，她心里是犹豫的，面对赶过来痴心挽留他的巴勒松，她有些心动，但是又舍弃不了梦想。于是，在最后一刻，她告诉巴勒松：如果有一天，我开始想念你，无论我在哪里都会飞回你的身边。

而香奈儿的追梦之旅并不顺畅，所以当巴勒松突然出现在她的门口时，她欣喜若狂，毫不犹豫地跟他离开了。

这一次，香奈儿又踏入了新的囚笼。

短暂的欢愉过后是无尽的不安和焦虑，她先要逃离这里，晚一点就会被彻底麻痹，被彻底吞噬。

卡佩尔解救了她，无论是感情还是事业，都是卡佩尔将她从困境中解救了出来。

她对卡佩尔的感情无法只用爱情来概括，有爱、感激、依赖和迷恋。

彼时，在事业上香奈儿变得异常自信和坚定，这份确定来源于卡佩尔的支持，亦来源于自己的摸索。

在经历了太多的风风雨雨之后，香奈儿心中对卡佩尔的情感和依赖已经达到了前所未有的高度，尤其是战争的来临，两个人不得不因此而长期分离。

每一次的相见都是在苦苦等待多日后才得以实现，但是两人的情感始终如初见时那么纯洁炙热。香奈儿一度认为，这便是她一生的归宿。

卡佩尔曾经在战斗机的轰鸣声中写下了对香奈儿的思念：

日子匆匆流逝，唯一能支撑我的力量，就是你在这个世界上。分开的每一天，我都在想象，想象你起床、呼吸，在街道中自由自在地穿梭，微风扬起你的秀发……每当这时，我都会仰望天空，虽然我们相隔很远很远，但依旧在同一片星空下。

这封简短的信，香奈儿一直珍藏着，似乎只有这样才会使她更有安全感。战火纷飞的年代，每一次的相见也许都会成为永别。

然而，香奈儿的不安感远远不止如此。

某一天，香奈儿挽着卡佩尔的胳膊同他的朋友们一起去餐厅吃饭，虽然在那个年代，女人是不能轻易抛头露面的，但是特立独行的香奈儿压根儿不在乎这些。

当时，他们的邻桌是一对年轻男女。伴随着优雅的小提琴曲，彬彬有礼的服务生一一将菜品摆上，一切是那么美好和典雅。

然而，香奈儿没有想到，这只是暴风雨来临前的宁静。一个怒气冲冲的女人突然到来，打破了这美好的宁静。她径直走向邻桌的男人面前，要求他同自己离开，却遭到了男人的拒绝。

于是，女人变得怒不可遏，随手抓起一个高脚杯，用杯脚划伤了男人的脸庞。鲜血一点一点溢出来，布满了男人的半张脸。

香奈儿从未看到过如此场面，那男人狰狞的脸庞把她吓坏了，心底的恐惧瞬间将理智淹没。香奈儿夺门而逃，她不知道自己要逃去哪儿，只是一心想离开这个是非之地。

香奈儿冲进一个房间，紧紧地关上了房门。她委屈地哭了，像个无助的孩子不断抽泣。外面的喧嚣声依旧没有停止，香奈儿觉得那血腥的场面仿佛还在自己面前，她慌张地爬到一张桌子底下，紧紧地抱住自己，低下头埋在腿上，身体不住地战栗。

也许，这样的场景让香奈儿想起了自己的母亲，于是深埋于这个坚强果敢的女人心底的恐惧一瞬间迸发了出来。她在害怕，害怕母亲的遭遇和自己的命运。

此刻的香奈儿多么希望卡佩尔能够冲上来将自己紧紧地搂在他坚实的臂弯里，抚慰自己的伤痛，消除自己的恐惧。

然而，一切都是香奈儿自己所想。不管是同行的友人还是卡佩尔，他们三个大男人依旧无动于衷地坐在那里，仿佛香奈儿是一个与他们不相干的女子。

香奈儿彻底崩溃了，她原以为卡佩尔会在乎她，爱护她，不会忍心她受一点的委屈。但是在今天，他竟是如此冷漠无情，或许男人和女人考虑问题的方式和角度大相径庭，但是不管出于何种原因，卡佩尔的举动使得香奈儿陷入了满满的不安和怀疑当中。

爱情真的可以依靠吗？它的美好和甜蜜是永远不会变的吗？她突然意识到，那些对爱情的向往和憧憬，不过是自己编织的梦，在某个瞬间就会破灭。

也许，在不久的未来，卡佩尔会遇见另一个让他疯狂的女子，就像当初的她一样。

战争依旧在进行，卡佩尔在前线奔波，两人见面相隔越来越久，时间也越来越短，而卡佩尔还是一如既往，但在香奈儿看来他已经不似从前。

香奈儿知道，她所担心的事情已经发生了。卡佩尔有了别的女子，他的心里留给自己的位置越来越小，香奈儿在见面时会假装不经意地问卡佩尔：

你跟哪个女人睡过了？每当这时，卡佩尔就会哈哈大笑，说她是个幼稚鬼，却从不正面回答。

女人天生是个预感极强的专家，很多时候，香奈儿也希望自己不那么敏感，像傻瓜一样生活在假象里就好了。

于是，她开始自欺欺人，努力地催眠自己，即使卡佩尔不忠于自己也毫不在意。

那段时间，香奈儿已经太不像她自己了。她每每彻夜难眠，即使好不容易睡着也会被噩梦惊醒。

梦中，她和卡佩尔如初见一般在马背上深情对望，侃侃而谈，突然她不慎坠入马下，而自己的心上人依旧自顾自地策马奔腾，扬鞭而去。自己只能看着他越来越远，远到伸出手臂也无法触及他的一片衣角……

无端的猜忌会让男人失去耐心，也会逼疯女人。深受情爱折磨的香奈儿面对生活的压力和事业上的困惑竟也变得力不从心。

一切的一切都没有确切的答案，香奈儿意识到自己不能再做爱情的奴隶，对那些最不可靠的东西俯首称臣。

觉醒就在那一瞬间，香奈儿睁开了她王者般的眼眸。她不再期盼，也不再幻想，更不会等待一个并不真实的答案。

于是，她学会了与孤独做伴，与寂寞共舞。

香奈儿在时尚事业中寻求爱情中缺失的安全感，在经历了一段"麻痹不安"的日子后，香奈儿愈发清醒，唯有源源不断的设计灵感和一件件时尚惊艳的作品才会彻底消除她的不安，让她看到自己的价值和生活的意义。

拨云见日，风雨后的艳阳天竟是如此美好。

在爱情和婚姻的抉择中被抛弃

听闻爱情，十有九悲。

骄傲如香奈儿，她以为自己不管在事业上，还是爱情中都将是高高在上的一方，占据绝对的主动权。

女人是最易陷入感情却不自知的群体，她们看似无情和冷淡的背后却是对情感付出的死心塌地。

卡佩尔虽然对香奈儿有着近乎疯狂的迷恋，但是在前途面前，他是清醒的。

当一名叫戴安娜·温德木的英国贵族小姐出现在香奈儿与卡佩尔之间时，香奈儿忽然意识到，她曾经作为依靠的爱情与她就要渐行渐远了。

当巴勒松向她坦白从未想过娶她时，香奈儿是伤心的，但是她不震惊，也不至于痛苦。因为，她本就没有爱上他。但是，卡佩尔不同，他是占据了自己整个心房的男人，她也同样希望这个男人只为她付出真心。她曾不止一次幻想成为他美丽的新娘。

然而，幻灭只是一瞬间的事。

卡佩尔出生于一个英国天主教家庭，家族依靠采煤起家。卡佩尔懂得享乐，也注重商业的发展，更希望能够在政治领域崭露头角。第一次世界大战爆发之后，卡佩尔就加入了英国远征军的队伍，他在服兵役期间表现十分出色，并因此被任命为二级中尉。

与此同时，卡佩尔从未放弃过自己的生意，战争期间，他运输煤炭，涉足航运业。

卡佩尔的野心远不止此，他参加军队是希望通过在军队中做出的贡献能够为其在政治上的发展打下基础。他在担任法国与英国之间联络官时，凭借自己的能力和勇敢负责的态度赢得了法国部长的认可，甚至英国的首相也对他赞赏有加。卡佩尔完全看到了他在政治领域的光明前途。

为此，卡佩尔需要选择一个有家族势力的小姐作为自己的妻子，为将来巩固自己的地位。

香奈儿虽然已经具备了足够的经济实力，在时尚界也已经有一定的知名度。但是，她的出身和被包养的经历是无法更改和磨灭的。

尽管两人之间有火热的爱情，但是总会有冰冷的水将它浇灭。卡佩尔理智而清醒，他需要一个体面的、出身高贵的妻子，一个能够对他以后的发展有所帮助的女人，而这个人不可能是香奈儿。

看到戴安娜的一刹那，香奈儿就已经知道了自己的命运。

戴安娜是里布尔斯运尔四世勋爵的女儿，也是这个贵族家庭中最小的女孩。与香奈儿不同，她地位尊贵，处于英国上流社会交往的核心位置。

她柔美而娇弱，无时无刻不激发着男人的保护欲。从小在无微不至的呵护中，在坚硬的保护壳中长大的她，眼睛里闪烁的都是天真烂漫的光芒。她始终都是一个弱小的女人，需要男人的呵护和疼爱，同时她也是一个聪明的女人，懂得给男人征服与控制的满足感。

这样来看，香奈儿就太不同了。香奈儿与生俱来带着股倔强，她要强，有主见，更不轻易示弱。这样的女人让男人产生想要接近和探究的欲望，但是也同样会使男人感到疲倦。她满足不了他们的大男子主义，甚至有时会使他们感觉到自尊受到挑战。

独立的女人不免过于强势。

卡佩尔也是一个典型的矛盾体：他一方面支持香奈儿发展自己的事业，鼓励女性自我解放；另一方面当香奈儿真的成为独立女性之后，他又产生了失落之感，希望香奈儿能够安安分分地待在自己身边，像其他女子一般温顺，满足他作为男人的征服欲。

香奈儿毕竟是香奈儿，她再爱眼前的这个男人，也不会放弃对事业、对时尚的追求。于是，争吵随之而来。

爱情中的争吵是正常的，但是它在无形中让这份感情有了裂痕，看不见却能感受得到。

两人在这样的相处模式中都变得不愉快和充满压力，尤其是卡佩尔，他似乎有种错觉，眼前的这个女子已经变了。

戴安娜与卡佩尔相遇时才25岁，比香奈儿小10岁。戴安娜在1913年与西敏公爵的弟弟珀西·温德木结为夫妻，但是在新婚后第二年就成了寡妇。自此之后便没有再嫁，只是她心里依旧对爱情有着深深的向往。

遇到卡佩尔之后，戴安娜一眼就喜欢上了这个英俊的男人，已经经历过婚姻生活的她，了解男人需要什么，于是，她给了卡佩尔在香奈儿身边无法得到的满足感。

两人在接近法国前线的地方相遇，那样的环境让两人的关系迅速发展。

在戴安娜的身边，卡佩尔能够完完全全地放松下来。她的柔情似水激发了卡佩尔隐藏已久的英雄气概，这时的他才会感觉到自己是一个男人，而女人要依靠自己。

这样一来，香奈儿越来越成功的事业更让卡佩尔感受到无形的压力，在香奈儿面前他完全没有一个男人应当有的感觉。他不怕在外奔波，也不怕辛苦，但却怕自己的女人不再依赖自己。

戴安娜的出现，似乎有意无意地缓解了卡佩尔的压力。尽管他依旧爱着香奈儿，但是戴安娜的温柔使得他无可自拔地沉沦，他正需要这样一个女子来为自己的前途扫平障碍。

于是，无法痛下决定的卡佩尔在这两个女人之间来来回回，三人的关系戏剧性地达到了一个平衡点。

感情中的是非纠葛并不影响卡佩尔事业上的发展。1916年，卡佩尔在伦敦发表了名为《对胜利和国家结盟计划的观感》的演说。随后，卡佩尔顺利成了凡尔赛盟国委员会英国部门的秘书，真正走上了仕途，这恰恰也是打破感情平衡的关键。

进入政治领域，作为国家官员，就不能再像商人一般不拘小节，而要处处留心，谨言慎行，才能在这条路上走得更远。工作中要如此，待人处世要如此，感情更要如此。

卡佩尔知道自己不能再犹豫，是时候该做出选择了。

实际上，卡佩尔心中早已有了答案，只是缺少外在的推力帮他做出了断。一个是他深爱着的有着独立个性的女子，一个是对他仕途有利的温情女子，对于无比看重事业的卡佩尔来说，戴安娜更符合他的要求。

人们在无法做出选择时往往会借助硬币。重要的不是它最终呈现的哪面，而是在抛出去那一瞬间，你就知道了自己心中的答案。

卡佩尔决定将自己的选择告诉香奈儿，两人约了时间和地点。

卡佩尔心中亦是纠结的，他不知道如何开口。他是了解香奈儿的，无论如何他都不能欺骗她，这是对她最后的尊重。

再见的两人似乎已有了某种陌生感。简单的问候过后，卡佩尔静静地诉说着他与戴安娜的故事，并解释着自己选择她的原因。

听着自己的爱人说着另一个女人如何温柔，如何脆弱，如何需要被疼爱被呵护，香奈儿心中尽是苦笑，原来在他心中，自己竟是如此坚强。

香奈儿知道卡佩尔这一番说辞不过是为自己找个理由，决定性的因素还是香奈儿的出身。面对既定事实，香奈儿没有哭也没有闹，只是默默地听着。

　　也许香奈儿选择苦苦挽留或者大声反对，卡佩尔会因为一时心软而改变决定，但是没有了这一个戴安娜，还会有下一个，况且，这向来不是香奈儿的风格。

　　卡佩尔此刻意识到，香奈儿还是她自己，她从来没有变。

　　1918年，戴安娜在给朋友的信中写道"我就要嫁给卡佩尔了"，欢快的心情跃然纸上。

　　这一天终于来到了，1918年夏季接近尾声的某一天里，卡佩尔牵着自己美丽的新娘走进了婚姻的殿堂。

　　那时的香奈儿该是怎样的绝望和伤心，但是她始终把自己包裹在坚硬的外壳中，不倾诉不发泄也不哭泣。她将全部的心思投入到自己的事业当中。在那段时间里，香奈儿始终以一个陌生人的态度来对待卡佩尔结婚这件事，她从不提起，也不做任何评论，更没有说卡佩尔负心薄情，她似乎完全忘了这件事与她相关。

　　坚强总是留给外人，而痛苦和不甘总会在夜深人静时汹涌而来。

　　在爱情与婚姻的这场角逐中，香奈儿成了可怜的牺牲品。这一次更加坚定了她不依靠男人的心，无论男人爱你与否，在某些时候，他还是会更爱他自己，依附于男人的女人一生都不会得到绝对的安全感。

　　往事如过眼云烟，总有消散的那天，但是深埋于心中的爱就这样随风而去了吗？卡佩尔注定只是自己的过客吗？香奈儿越努力说服自己放下，心中的不甘越是澎湃。

　　没有了卡佩尔，她依旧爱设计，爱事业，爱时尚，依旧特立独行，只是脸上似乎总有淡淡的忧伤。

浴火重生，收获甜蜜爱情

就像张爱玲所说，爱上一个人，会悲哀到尘埃里，然后开出花来。

唯有经历了真正的爱情，女人们才会发现自己是多么脆弱。看到他熟睡的脸庞，会情不自禁流下泪水；想到以后不能携手共进，也会掩面痛哭。

爱情的分分合合已是司空见惯，曾经恩爱的两人再见已全然陌生，那种心痛只有身在其中方能真真切切地体会到。

自由的爱情让我们体会到美好和甜蜜，但是太多的身不由己也让我们不得不从这份随时都会消失掉的幻象中清醒。

如果说，巴勒松让香奈儿体会到了爱的初体验，让她开始学会爱，那么亚瑟·卡佩尔却让她真正体会到了爱。

与巴勒松不同的是，亚瑟·卡佩尔儒雅温情，十分欣赏香奈儿。他鼓励香奈儿穿自己设计的衣服，欣赏她独特的美和个性，鼓励她为梦想而工作。

多年后香奈儿再谈起卡佩尔，她的脸上还是无尽的甜蜜，不过仔细看来还有些许淡淡的忧伤。

那年两人在庄园中相遇相知，一同赛马，一同品酒，一同谈心。卡佩尔离开时，他在火车站静静地站着，心早已被香奈儿占满，香奈儿又何尝不是呢？当她听到卡佩尔要走时，她的心立马就慌了，她知道自己已经不知不觉间喜欢上了这个俊朗的男人。她当机立断，收拾了几件行李就奔向了火车站。

犹豫不决从来不是香奈儿的性格。

"当卡佩尔看到你的时候，他说了什么？"

"噢，他张开了双臂。"

现在想来，恍如隔世。那位曾经令自己无法平静的男子如今已成了别人的丈夫，香奈儿哑然失笑。

最初听到卡佩尔结婚的消息，她的确没有太大的失落，那时她还庆幸自己对卡佩尔的爱并不深沉，但她实在高估了自己。

像烈酒，历久弥香，爱情何尝不是？与卡佩尔分开得越久，思念愈发浓烈。此刻的她才得以正视自己对卡佩尔的感情，原来在不知不觉中，爱已深入骨髓。

香奈儿逃跑似的搬离了曾经的住处，那里有太多他们的专属回忆，香奈儿不敢触碰。也许只需轻轻的触碰一下，香奈儿就会完全失去自我，她不想也不会卑微地去求一个男人回心转意。

香奈儿在德比利亚46号码头附近买了一栋白色别墅。她用镜子装饰门廊的墙面，将天花板覆盖在浓郁的黑色之中，一如她的心情一般。

这栋别墅中，香奈儿安排了女佣、管家、厨师，尽管如此，她还是觉得空荡荡的。原来，少了那一个人，再多的人也无法填补空缺，空荡的不是房间，而是香奈儿的心。

香奈儿不管自己在家里是如何的放纵，如何的伤心难过，在外人面前她依旧谈笑风生。越是压抑越是痛苦，香奈儿的身体出现了不良状况。香奈儿的挚友关心她，劝告她，香奈儿自己也知道放下是最好的选择，但这一切在强大的感情面前都是徒劳的。

最终香奈儿离开了巴黎，这个承载着她快乐与忧伤的是非之地。

此刻，香奈儿一心挂念的爱人，正在忙着婚礼的诸多事宜，忙着与各种各样的人打交道。

实际上，卡佩尔与戴安娜的婚姻并不顺利。起初，戴安娜的家人坚决反对，一是他们担心长期生活在法国的卡佩尔会与戴安娜相处不来；二是戴安娜未婚先孕让他们脸上无光。

不知是戴安娜的坚持还是卡佩尔的说服，戴安娜的家人终于松了口。但是这样不愉快的开头给这场本就不纯粹的婚姻又蒙上了一层阴影。

这场自己选择的婚姻使得卡佩尔从一开始就承受着巨大的压力，这是他始料未及的。工作上的烦恼，与戴安娜并不牢固的感情，以及香奈儿的离开都在击打着这个男人的心，此刻的他脆弱无比。

婚后的生活并不如想象的那般如意。也许，正像人们所说的那样，婚姻是爱情的坟墓，更何况是没有爱情的两人。

卡佩尔选择戴安娜做自己的妻子，家世是一方面，性格是一方面。他看中了戴安娜身上的温顺服从，然而，婚后的戴安娜并不如从前一样温柔听话，还时不时吃醋闹脾气，这让卡佩尔产生了巨大的心理落差。

他开始想念香奈儿，想念两人在一起谈心的时光。即使香奈儿再独立，再要强，她是能够理解卡佩尔，知道他心中所想的，两人在某些方面是心灵相通的。

1919年，戴安娜为卡佩尔生下了第一个孩子，但是境遇并没有因为这个新生命的到来而发生转机。

香奈儿在巴黎近郊的一所公寓中疗伤。这片远离纷杂的净土成了香奈儿所有情感的寄托。她在这里慢慢敞开心扉，慢慢找回自己。

有一天，香奈儿去歌剧院浴室洗手的时候，火喷嘴突然发生爆炸，她白色的衣裙、脸上、秀发上都沾满了炭火，其他地方都好清洗，但是长长的秀发第一次让她感受到了麻烦。她用一把剪刀，剪短了头发，也剪断了烦恼，从此，香奈儿多了分干练，穿着也愈发像个男人。

别人都说她是为情所伤，她解释道，长发打理起来太麻烦。或许这正是命运的安排，让她从头来过。

香奈儿自觉情伤已慢慢愈合，结痂的地方从前是软肋，现在却是盔甲。

然而，卡佩尔的到来，还是让她喜出望外，她心里没有一刻是放下过卡佩尔的。

卡佩尔同样也无法割舍对香奈儿的思念，忍受不了没有香奈儿的日子。于是，他选择重新追回昔日的爱。

其实，卡佩尔无须费力，香奈儿看到他的那一刻，已溃不成军。这个事事骄傲自信的女人，在爱情中已然是卑微的模样。

从此这座公寓成了两人幽会的居所，卡佩尔时常在这与香奈儿相聚。也许是爱情的失而复得，让双方更加珍惜彼此，两人之间似乎有说不完的话。

香奈儿更加明白了自己对卡佩尔的心意，她原以为自己只是淡淡地爱上了一个男人，在经历这一次离别之后，她明白，对于卡佩尔她不会再放手。

但是，如今的卡佩尔已经不再是自由的商人，他是政治官员，亦是别人的丈夫。为了自己的前途，他不得不小心处理与两个女人的关系，既要保全自己与妻子的体面，营造一个幸福美满的家庭，又要顾及香奈儿的感受。

卡佩尔如履薄冰，他不能经常来看望香奈儿。于是，等待占据了香奈儿一半的生活。忙碌时她是意气风发、果敢自信的设计师可可·香奈儿；闲暇时她只是一个在时光里翘首企盼、等待爱人的小女子香奈儿。

有人会问，香奈儿为何这般痴情于卡佩尔，这个男人究竟有什么特别之处？

爱情啊，本来就是说不清道不明的东西。某天你遇到一个人，对视的那一瞬间或许就已经认定彼此，原因是什么，谁都说不上来。

爱情平凡也奇妙。

香奈儿曾经描述第一次见到卡佩尔时的情形："我在一场策马远足中遇到了一个英国男人。他有着古铜色的皮肤，非常迷人。他不仅英俊帅气，更出类拔萃，我陶醉于他的漫不经心和深邃的目光中。"

一场相遇就已经决定了两个人在未来的交集。

　　卡佩尔的温柔包容以及男性的魅力深深吸引着香奈儿。他轻轻一叩就打开了香奈儿封闭的心，轻而易举地住了进来。陷入爱情的女人都是小孩子，也是傻子，一个简单的微笑，一句情话都已足够让她感受到无尽的甜蜜。

　　渴望爱情的人，彼此给予的甜蜜就是他们唯一的救命药，哪怕中毒而亡也要饮鸩止渴，哪怕前途已经穷途末路也要紧紧相随。所以，当卡佩尔回来找她时她已全然不顾他是否结婚，立刻又想起他的好。

　　在外人看来，这就是一场没有终点的旅程，更是一段错误的牵连。

　　但是，香奈儿依然深陷其中不能自拔。无论如何，失而复得的爱情让香奈儿的脸上又绽放了久违的笑容。

痛失挚爱，第一次落泪

　　时间在一分一秒地流逝，世间的一切都在按照自己的节奏紧张有序地进行着。

　　卡佩尔与香奈儿依旧在格尔什郊区的别墅中营造着属于两人的甜蜜。也许，两人没有未来，但香奈儿还是默默憧憬着。她不愿做别人的情妇，却毫不在意卡佩尔的婚姻。

　　很多人都会有自己的原则和标准，但是总会在遇到某一个人之后，打破自己的原则和底线，也许这就是爱情神奇的地方。

　　卡佩尔的妻子戴安娜逐渐认清事实之后，意识到哭泣是没有用的，于是不再把所有的心思放在卡佩尔身上。

生下女儿后，戴安娜便与以前的情人达夫·库伯旧情复燃，两人时常幽会，共进晚餐。

三角、四角关系混乱地维持着，在一定程度上达到了共存的状态，只要没有人触碰，也许就会持续很久。

大家心知肚明，却没有人去揭穿，各取所需未尝不是好事。香奈儿也以为，这样的生活会一直继续下去，然而，一个毫无预料的噩耗打破了所有看似平静的美好。

1919年12月22日，卡佩尔在从巴黎赶往戛纳的路上发生了车祸。

卡佩尔本打算在圣诞节时赶回戛纳陪伴妻女和姐姐珀莎共度节日。在此之前，香奈儿还因爱人的无法陪伴而心中不快，不过在卡佩尔安慰了几句之后，香奈儿逐渐释怀，她既然选择了陪伴他，就要理解他。

"你不知道，于我而言你是多么重要，你是指引我生命的光。"临行前的一句话竟成了天人永隔的生死誓言。

汽车在马路上快速行驶着，突然似乎是轮胎发生了爆炸，车身整个翻了过来，大火迅速蔓延。与他同行的机械师身受重伤，而卡佩尔葬身在了冲天的火光中。

厄运总是悄悄降临，满心欢喜等待的香奈儿等来的却是爱人身亡的噩耗。

午夜，风雪如骤，天空阴沉，一切仿佛在预示着什么，一阵急促的门铃声打破了这可怕的寂静。

香奈儿匆忙爬起来，站在了楼梯口，她看到来人是卡佩尔的朋友莱昂·德·拉伯德，他脸色悲伤，眼帘低垂，不敢直视香奈儿。

"卡佩尔昨天深夜发生了车祸，他们已经快要到达目的地了，也不知道为什么车子就爆炸了……"

香奈儿当时就愣在了那里，但她哭不出来，脸部因痛苦而扭曲成不同的姿态。

人在最悲伤的时候，往往是哭不出来的。眼泪不是唯一体现悲痛的东西，极致的痛苦从来不是向外部扩散以发泄，而是深入内部，直达心扉。

香奈儿趔趄地回到房间里，她什么也做不了，只能静静地坐着，想着心里的那个男人曾经的模样。镜子与天花板反射的那一刹那，香奈儿竟有些恍惚了，她分不清是梦境还是现实，她多么希望这是一场噩梦啊，醒来依旧能投入爱人温暖的怀抱。

香奈儿从未想过卡佩尔会永远地离开自己。卡佩尔对自己而言，早已像空气一样重要，像呼吸一样是一种本能的习惯，香奈儿无法想象该如何戒掉这样的习惯。

香奈儿有一双洞察力超强的眼睛，什么都能够看得清清楚楚，她看得清世间的纷纷扰扰，看得清上流社会的生存规则，看得清别人的悲欢离合。可是此时此刻，却唯独看不清现在的自己。

香奈儿默默地爬起来，她要去看卡佩尔最后一眼。她恨不得插上翅膀立马飞到卡佩尔的身边，用手摸一摸他英俊的脸。

然而，当香奈儿到达法国南部时，已经午夜时分了。她拖着疲惫的身体下了车，走进皇家酒店。卡佩尔的姐姐珀莎，亦是尊贵的米歇尔汉夫人接待了她。当初珀莎结婚时的婚纱还是香奈儿亲手设计的。香奈儿迫切地表达了自己想见卡佩尔一面的愿望，然而她未能如愿。

珀莎告诉香奈儿，在她来之前，卡佩尔的尸体已经入棺了，他被大火烧得面目全非……

香奈儿几近崩溃，她不甘心却也无可奈何。当她听到有人说，卡佩尔的车一直留在出事地点时，她用虚弱的声音请求珀莎让司机把她送过去。

她来到了事故发生地，看到了被大火席卷过的汽车残骸。沿海公路绵延至远方，这儿空无一人，清冷异常。香奈儿围着车子一圈圈地走着，看着，抚摸着。

她走了很久很久，似乎是没有了力气，于是瘫坐在了路边。她依旧盯着那个残骸，眼神中仿佛在说着什么。她悲痛难掩，却依旧默不作声，双手紧紧地握着，手心掐出一道血痕。

她将脸埋在自己的腿上，肩膀开始剧烈地抖动，啜泣声打破了寂寥长空。几分钟之后，她失声恸哭，泪流不止，几近晕厥。

香奈儿的前半生已经历了太多的痛苦，童年的阴暗，少年的艰辛，成年的起伏，太多的困难和不容易，她都不曾落泪，每一次都是咬牙坚持，她很少将自己脆弱的一面如此地展现出来，就连卡佩尔告诉她要娶别人时，她在外人面前都表现得云淡风轻，即使一个人时也不会痛哭流泪。

而这一次，这个坚强的女人，再也承受不住卡佩尔离去带给她的悲痛。

12月24日，圣诞节前夕，卡佩尔的离去使得这个节日失去了喜悦和欢声笑语。伦敦《泰晤士报》的平安夜专版报道了卡佩尔去世的消息：大英帝国勋爵，骑士荣誉军团获得者亚瑟·卡佩尔中尉在车祸中丧生，其葬礼将于1月3日中午举行。

卡佩尔的葬礼庄严肃穆，巴黎各界贵族名流、英国大使、大英帝国勋爵、戴安娜家族……都来与卡佩尔道别，却唯独没有香奈儿和戴安娜的影子，也许，在香奈儿心中，她的卡佩尔男孩从来不曾离去，所以她无须告别。

巴黎的民众听到这样的消息十分震惊，卡佩尔的确出类拔萃，受人喜爱，他的身上有着让人无法抗拒的魅力，与他打过交道的人都能和他成为好友。人们称赞这位优秀的年轻人，为他的离去感到惋惜。

卡佩尔的朋友说，也许是卡佩尔太出色了，上帝不允许他跟我们在一起。

这样的气氛，更激发了香奈儿埋藏在心底的痛，也让她骄傲万分。她爱的男人如此优秀，可是再也回不到自己的身边，他再也不可能伏在自己的耳边情话绵绵，再也不可能手捧玫瑰突然出现。想到这一切，香奈儿再也抑制不住，这一次她哭了很久很久。

香奈儿回到巴黎，让仆人把自己的卧室全部用黑色渲染，黑色的天花板，黑色的窗帘，黑色的被单，黑色的地板。她在乌木屏风上挂满黑纱，静静地靠在这里，不分日夜，想着与卡佩尔的过往。

也许，这时的香奈儿心如死灰，也许，她想着随爱人而去。心里的那个人走了，她的天空只剩下黑暗。

香奈儿颓废了一段时间，直到一个陌生人的来访才让香奈儿重燃希望。

那是一个印度人。他见到香奈儿说，一个她最熟悉的人托他转告香奈儿，他在另一个地方过得很好，很快乐，请香奈儿一定要接收带来的消息。

没有人知道香奈儿听到了什么，只是从那时候开始，香奈儿恢复了理智。她知道自己要好好活着，这样卡佩尔才会更安心。

那一刻，香奈儿感受到了一股前所未有的力量，她感觉卡佩尔就在自己身边。也许他并没有彻底离开，他在另一个世界与自己始终同行。印度人漆黑的瞳孔下似乎存在另一个空间，那是永生永乐之地，而卡佩尔就在那里默默守护着她，至死不休。

痛失挚爱的香奈儿更加钟情于黑色，黑色代表哀思，代表沉痛，亦代表"永失所爱"。

第五章

于艺术中绚烂的追爱者

与艺术碰撞的蜜月之旅

深情的人总在被命运捉弄，忍受煎熬。这个冬季似乎格外漫长，凛冽的冷风，刺骨的寒冷，让人熬不住，但这又如何比得上心尖上那一盏永远无法亮起的灯。

人生就是一场旅行，但这场旅行是命运在把控，我们无法确定起点，也无法回头。当你踏上这条路的时候，手上握的便是一张单程票。

命运对这个女子，实在不公，在凄冷的世间给了她得以取暖的爱情，又狠心地将一切收走，留她一人落寞地走在人世间。

离去的人一了百了，留下的人却要承受千倍万倍的煎熬。

香奈儿虽然依旧坚强地活着，但是只能将悲痛化为力量拼命地工作，而这让香奈儿的事业迎来了新的春天。

1920年初，香奈儿在事业上取得了非凡的成就。但金钱富贵于她而言不过是过眼云烟，香奈儿本人自始至终并未对别人的财富感兴趣，她要的只是自己更加独立。

为了让香奈儿早日走出失去爱人的阴影，身边的朋友使出浑身解数出谋划策。还好有朋友的陪伴，香奈儿才不至于过于孤单。

米希亚更是不忍心看到香奈儿这般拼命的模样。虽然两人的关系在当时还没有那么亲密，但米希亚一直张罗着带香奈儿出去散心，甚至于连自己的蜜月之行都奉献了出来。

而这一场意大利蜜月之旅也真正将两人的关系拉近。

1920年8月，米希亚与赛特结婚了。这对新婚夫妇决定带上香奈儿一起去旅行以抚慰她心中的伤痛——1919年12月爱人卡佩尔离世；1920年春，妹妹在流感中身亡。

也正是这次蜜月之旅，香奈儿通过米希亚认识了众多欧洲的艺术家，得以与顶尖的艺术圈接轨。自此，她的服装也与艺术紧紧相连，对香奈儿来说，是一次意义深远的重大转折。

第一站，她们去了浪漫水城威尼斯。在这里，香奈儿结识了米希亚的好友迪亚吉列夫。当时，迪亚吉列夫正在为《春之祭》筹备演出资金，他告诉香奈儿这是一场伟大的杰作，足以掀起一场音乐界的革命。

当时，香奈儿对迪亚吉列夫的话深信不疑，也正打算做点什么与艺术相关的事，于是几番交涉下来，她赞助了一张30万的支票。

一直以来，她都想进入很多人可望而不可即的先锋艺术圈。作为一个商人，香奈儿为什么非要挤进这个与她并无太大联系的世界呢？

一方面，与她讳莫如深的经历有关，另一方面，香奈儿知道，只有与先锋艺术挂钩，香奈儿这个品牌才会被提升到新的档次，真正成为低调奢华而富于内涵的品牌。

当商业与艺术碰撞，出现的火花必成燎原之势。

正是那张小小的支票，解决了迪亚吉列夫的困境，使得香奈儿在设计师的身份上多了"艺术赞助人"的称谓。

从此香奈儿跻身名流云集的巴黎艺术圈，成为艺术家门中的一员。她的身份和事业也随之上升到了新的层次。

广泛的社交圈为香奈儿事业带来了更多发展的机会。1922年香奈儿被邀请为让·考克托改编的希腊悲剧《安提戈涅》设计戏服。这虽然是她第一次将服装设计运用在舞台剧上，但她信心十足。

果然，她设计的戏服在舞台剧演出之时获得了一致好评，主流媒体和杂志对她盛赞不休，评价她用别具一格的服饰对经典进行了再创造。而在这部剧中香奈儿与几大艺术家的合作，也使得她的名望和地位大大提升，其中包括毕加索、亚瑟·奥涅格等。

1922年12月，巴黎开通了一趟"蓝色列车"。列车由巴黎出发，披满星辉与月光，穿过红灯绿酒、歌舞笙箫，在黎明时分到达蔚蓝海岸。这是一趟承载着自由与欢乐的列车，车上的旅客们在海滩上迎接黎明的到来，自由自在地奔跑，尽情享受太阳洒下的光辉。

1924年6月，迪亚吉列夫筹划的芭蕾舞剧《蓝色列车》在巴黎香榭丽舍剧院首演，那年那时亦是巴黎奥运会举办之际。

多年后，人们回想起来不禁感叹道，在香榭丽舍剧院的那一场演出等同于一场文化界的奥运会。

为何有如此之高的评价呢？

它几乎惊动了整个先锋艺术圈，获得了众多顶尖艺术家们的喝彩。

著名的作曲家达律斯为之谱曲配乐，伟大的画家毕加索将自己的画作呈献给幕布，天才的剧作家让·科克托为之撰写脚本……

而香奈儿的名字也赫然出现在了艺术家之列，她是《蓝色列车》的服装设计师，也是"知名艺术赞助人"。

具备了良好声誉的香奈儿在《蓝色列车》的演出中与毕加索再度联手。香奈儿作为时尚界首屈一指的设计师负责服装设计，而毕加索负责舞台幕布的创作。

这一次，整个先锋艺术圈几乎倾巢出动，香奈儿的名声更是如日中天。

至此，她和绝大多数艺术家成了亲密的朋友，包括诗人、画家、舞蹈家、摄影师、音乐家……她与他们促膝长谈，从他们身上获取艺术的内涵，创作的灵感……

这一切，离不开米希亚的引导。

是她，帮助香奈儿走出失去挚爱的悲伤；是她，带香奈儿走进先锋艺术圈；是她，在香奈儿最无助、最惨淡时给予关怀和鼓励；也是她，使得香奈儿品牌得以与艺术相融合。

而香奈儿，也善于抓住机会。

俄罗斯皮革，情感的印记

悠扬的乐曲之声似潺潺流水，穿过耳朵直入内心的最深处，激起阵阵涟漪。

1913年，著名芭蕾舞剧《春之祭》在巴黎首演，掀起了一场现代音乐的革命。它因前卫而引起轰动，也因前卫而饱受争议。

《春之祭》的作曲家伊戈尔·斯特拉文斯基，是著名钢琴家，才华横溢的作曲家，享誉世界的现代音乐巨匠。

当时的他只是一位沉亡者，十月革命的爆发使得他四处流浪，钱财尽失。不过，这也让他与香奈儿相遇并产生了交集。

他从瑞士来到法国，居住在郊区的小渔村，后来被求贤若渴的俄罗斯芭蕾舞团团长迪亚吉列夫赏识，之后便跟随芭蕾舞团巡演。

当时，米希亚是迪亚吉列夫的朋友兼资助人，后来也就是那次蜜月旅行后，香奈儿也加入其中。

1920年，著名芭蕾舞剧《春之祭》在公演时遇到了麻烦——剧院入不敷出，被债主们包围，演出无法正常进行。

香奈儿解决了迪亚吉列夫的燃眉之急，使得《春之祭》得以正常排演，同时与斯特拉文斯基相识相知。

那一时期，是斯特拉文斯基的潦倒时期，同时也是他创作的巅峰时期。为了赚取额外的生活费，斯特拉文斯基为迪亚吉列夫的多个剧作作曲，除了《春之祭》之外，还有《火鸟》《矮胖驼子》等，他本人也因此在音乐界颇具声望。

而香奈儿对《春之祭》的资助，也成功让他的才华穿越巴黎，穿越法国，闪耀全世界。

所以，于斯特拉文斯基而言，香奈儿对他亦有知遇之恩。

而香奈儿则被他的才情所感染，关于音乐的认知，她都是得益于他的讲解，从贝多芬到莫扎特，从俄罗斯传统音乐到现代作曲，香奈儿第一次感受到音乐世界的魅力。

两人像朋友一样相处。一个时装界叱咤风云的人物，一个音乐界游刃有余的作曲家，他们在艺术的殿堂找到了共同点，也从一次次的革命与创新中，成为了知己。

略显昏暗的舞台下，香奈儿正与斯特拉文斯基私语，他在说着自己的灵感之源和对音乐的热爱，而她在静静地听，用心感受一种别样的魅力。

之后，香奈儿为了缓解斯特拉文斯基的拮据生活，也为了给他营造一个安静的创作环境，便邀请他去自己的格尔什别墅，而香奈儿自己则住进了丽兹酒店。

安稳幽静的环境的确激发了斯特拉文斯基更多的灵感，他在此创作出了许多著名的乐曲，例如《管乐交响曲》等。

不过，灵感迸发的同时，流言也遍布大街小巷。

对比斯特拉文斯基的才华，人们更关注的是他与香奈儿之间的关系。

尽管没有确切的证据证明两人在香奈儿的别墅里有越轨之举，但总有一些人对上流社会人的生活过分关注。他们为了满足自己的窥探和好奇之心，不停地将一件普通的事情按照自己的想法编排。

而这其中也包含香奈儿的密友米希亚，或许是出于嫉妒，又或者是单纯地开玩笑，她看到斯特拉文斯基帮香奈儿遛狗后，转身就对外宣扬。

后来，米希亚的丈夫也开始关注此事，因为他不能辜负好友卡佩尔之托。

时间逐渐流逝，情愫却在慢慢增长。斯特拉文斯基向香奈儿表白了，但香奈儿说："您已经结婚了……"

之后去西班牙演出的斯特拉文斯基始终没有等来香奈儿，并从米希亚的口中得知了另一个男人的出现。

那便是狄米崔·帕富洛维奇，俄罗斯沙皇亚历山大二世的孙子，沙皇尼古拉二世的堂弟，一位地位显赫的贵族大公。

在香奈儿5号诞生后的第三个年头，也是狄米崔出现的第三个年头，香奈儿香水公司正式成立了。

随后，一款名为"俄罗斯皮革"的香水横空出世，其热度不亚于当年的5号香水。它还有着量身定做的宣传语：一款代表着设计师心血的香水，蕴含着香奈儿才能赋予的完美。

滴上一滴俄罗斯皮革，感受它无声的绽放，与肌肤融为一体，散发出迷人的芳香。只要是女人，就会为之沉醉，为之倾倒。

而听到这名字，人们不禁会猜想，这应该与香奈儿的俄罗斯情人有关。

他曾是尊贵的高高在上的狄米崔大公，但由于参与了刺杀沙皇宠臣拉斯普京的行动而被流放国外，不过也因祸得福，借此避过了十月革命的爆发，辗转流亡到了巴黎。

1921年秋天，在米希亚的介绍下，狄米崔大公与香奈儿相遇了，不，应该说是重逢。

是的，在多年以前，两人就曾有过交集。那时，他还是风度翩翩、美如冠玉、风华正茂的贵族公子，而香奈儿亦是青春明媚、活力无限的靓女郎。

不过，那时香奈儿的身边有卡佩尔的陪伴，两人之间仅是相识，并无故事。

而今，时隔6年，一切早已不复当初模样。她失去了挚爱的陪伴，他也失去了尊贵的身份。

落魄与孤独似乎正是情愫的催发剂，两人满披岁月风霜，历尽人间沧桑之后，再见已然萌生出别样的情感。

重逢当晚，两人一同参加了晚宴，共进晚餐。

在谈话中，狄米崔提到位于欧洲地中海之滨、法国东南方的小城蒙特卡洛。他说那里充满浪漫的地中海风情和温和明媚的阳光，只要去那，所有的阴霾都会消失不见。

第二天，开着蓝色敞篷劳斯莱斯的香奈儿，便向狄米崔发出了游玩邀请。她已经把他当作自己生活中的伙伴，而狄米崔也不吝向她诉说自己的忧伤，他们俨然多年未见的老朋友。

不过，此时落魄的狄米崔显得有些不知所措，他小声说道："我没有钱，只有15000法郎。"

已是财富女王的香奈儿自然不在意钱财的多少，但为了保全狄米崔的尊严，她提出了AA制，"我也出15000元，这样足够我们好好玩一整个星期了"。

就这样，两人愉快地出发了。

他们开着蓝色的跑车穿越巴黎到达蒙特卡洛。那里正如狄米崔所描绘的那样：白天阳光明媚，地中海的清风为人们拂去岁月的风霜；傍晚，星河如梦，起伏的海水将人们心中的郁闷涌入海底。

在这里，狄米崔用他贵族特有的忧郁眼神和充满魅力的言谈向香奈儿诉说着他这几年来的颠沛流离，香奈儿沉迷于他的气质，又心疼他的遭遇。

多年后，香奈儿曾回忆道："我完全为他着迷，他身上流露的落难贵族特有的忧郁气质，比之前更甚。"

之后，他们又从蒙特卡洛到达薰衣草小镇普罗旺斯，转而去了奥佛涅。

一路上侃侃而谈的香奈儿到了此处，突然变得沉默寡言，心事重重。

是的，她从未忘记过儿时的乐园——奥佛涅公墓，还有她长眠于此的母亲；她也不曾忘记卢瓦尔河畔，那个生养她的地方，让她小小年纪就尝遍贫穷和耻辱滋味的地方。

那些记忆中的记忆，那些她讳莫如深的过往一时间全部涌上了心头。

狄米崔察觉到了香奈儿的异样，不过并未多做打听。他是聪明的，虽然对于香奈儿的过去并不知情，但他多少了解香奈儿的个性。

旅行是促使情感升温的最好方式，旅行过后，香奈儿与狄米崔正式从朋友成了恋人。

一个是风情万种的时尚女王，一个是俊美忧郁的贵族大公，这似乎是天作之合，金玉良缘。

但在巴黎上流人士眼中，在世人看来，事实并非如此。

狄米崔虽然有着尊贵的血统和荣耀的地位，但他依旧是个流亡者，生活窘迫，经济拮据。在他与香奈儿的爱情中，他更像弱势的一方，依仗着香奈儿，攀附她而活。在大多数人的心目中，他就是个衣着华丽的乞丐，是香奈儿包养的男人，虽然高大俊朗，外表光鲜，实则没有丝毫男子气概，内心一贫如洗，有时甚至需要借助伏特加来壮胆。

而香奈儿显然不把这些流言放在心上，对她来说，只要他让她着迷就足够了。对待爱情，她向来简单而纯粹。

不过，在这段不被世人看好的恋情中，香奈儿从狄米崔身上充分感受到了俄罗斯文化的深邃，并为之所吸引。

于是，她将狄米崔身上特有的香味和气质提炼，以各种花香、自然提取物、人工香料、蜂蜜等配合，调制出特别的醇厚而神秘的香气，从而设计出了"俄罗斯皮革"。

而在此之前，正是通过狄米崔的引见，香奈儿认识了曾经的俄罗斯皇家御用调香师恩尼斯·鲍，从而开创了香奈儿5号的传奇。

香奈儿与狄米崔的这段恋情被人们不看好的另一个原因，与斯特拉文斯基密不可分。

爱情没有对错，但香奈儿有自己的原则。她习惯在爱情中占据主动，也喜欢被爱，但这并不意味着她会为所欲为。爱情之于她是慎重的，是需要忠诚的，也是不愿将就的。

最后的最后，香奈儿与他们都没有走到一起，但"俄罗斯皮革"却被永远留存下来，成为两段情感的独特印记。

回到爱情最初的地方

望夫处，江悠悠，化为石，不回头。

也许，喜欢上一个人只需对望的那一秒钟，爱上一个人只需寥寥几语的一天，而忘记一个人却需要回回转转的一生。

路上遇见的那些人，有的眉眼不抬，有的擦肩而过，有的展露笑颜，有的互诉衷肠，有的守护一生。总有一些人成为我们生命中的过客，陪我们走一段路程就不得不离开。我们再强大，也拗不过命运的手腕，只能说，一切都是最好的安排。

此时，香奈儿与艺术圈更近了一步，其事业发展也有了更多机遇，但香奈儿心中的伤痛却依旧存在。那段时间，香奈儿也经历了几次感情上的波动，但都无疾而终，也许那并不是香奈儿想要的。香奈儿的爱情走进了没有岔路的死胡同，而卡佩尔留下的伤也依旧没有愈合。

米希亚仍旧一直为香奈儿介绍朋友，希望能有人代替卡佩尔在香奈儿心中的位置。

天不老，情难绝，香奈儿又怎会如此轻易将卡佩尔从记忆中完全抹去。

时间一天天地过去，卡佩尔已离去了很长时间，悲痛依然在香奈儿的心底埋藏，但已不似当初那般浓烈。

这时候，一个叫比艾·列维迪的诗人闯入了香奈儿的生活。

列维迪是一个崇尚唯美、向往纯净和诗意的诗人，他才华横溢，性格清冷。列维迪没有伟岸的身材，更不是高官富商，他有的只是一字一句沁人心脾的隽永小诗，而这足以打动香奈儿。

列维迪身材瘦削，容貌清秀，身上自带诗人特有的忧郁气质，瞳孔无比深邃，流露着淡淡的忧伤。

在与列维迪相处的日子里，香奈儿不止一次从他笔下的诗句中读到了悲伤与哀愁。他的诗句仿佛注入了灵魂，能够懂香奈儿心中的痛苦，为她轻轻疗伤。

列维迪的确是一个极具天赋和才华的诗人，在他的言语中香奈儿似乎看到了希望，也让她放下对情感的戒备，从心里慢慢接近了他。

两个悲伤的人在一起取暖，是不是能够好过一点呢？

于是，在某一次聚会中，列维迪与香奈儿正式确定了情人关系。也许，两者之间并非爱情，而是一种特殊的情感，或是惺惺相惜，又或者是相互扶持。列维迪对香奈儿是痴痴的迷恋，香奈儿对列维迪是发自内心的"怜惜"。

总之感情的交错将两个人的命运连在了一起，而列维迪的出现给香奈儿黑色的生活添了一丝别样的色调，带给她新的生命力，让她逐渐从失去挚爱的阴影中走出来。

有人说，忘记一个人最好的方法就是爱上另一个人。但是香奈儿从未想过忘记卡佩尔，她只是在缓解自己的痛苦，而这种能缓解至痛的情感，即使不是爱情，也更胜于爱情。

跟香奈儿以往的情人都不同，列维迪只是一个穷困潦倒的落魄才子，他白天在报社上班，晚上还要打零工。除却诗人的身份，他只是一个比普通人更可怜的男人，但是在文字的世界里，他是一个英明决断、骄傲富有的国王。

富足使人忘却思考，贫穷却能激发灵感。于诗人而言，这样的生活何尝不是一笔财富，列维迪也正是在这段时间里创作出了集访谈与诗歌为一体的《南北行》。

翻开列维迪的诗篇，读着那一句句直达心底的诗句，香奈儿在感动之余对这个男人又多了几分爱慕，悄悄地，香奈儿开始逐渐爱上了他。

与列维迪在一起，香奈儿变得小心翼翼。她不忍他生活如此拮据，又害怕直接帮助他会伤害他极强的自尊心。在这一点上，两人十分相似，所以香奈儿懂得列维迪，就像懂得她自己。

香奈儿自己开始写一些诗句，让列维迪为她修改评判，她再给他一定的报酬。逐渐走出阴霾的香奈儿不愿看到自己的情人一直阴郁，她想，也许对列维迪最好的鼓励莫过于让他的作品公之于世。

香奈儿偷偷联系出版社，表示愿意出资出版列维迪的诗集。在她心里，列维迪才华横溢，只是缺少一个机会。

果然，作品一经出版就大受好评，列维迪也进入了名人的行列，与很多艺术家比肩。值得一说的是，他还是毕加索的终生好友。

事情仿佛朝着美好的方向发展着，香奈儿不再悲伤，事业蒸蒸日上，诗人也不再贫穷，两人在香奈儿的别墅里过着浪漫而自由的生活。

房子的装修布局都是依照列维迪的气质而设计，古香古色的书卷气息弥漫在每一处。香奈儿喜欢他，崇拜他的才华，愿意照顾他的生活，也愿意为他而奔波。

也许，列维迪太像自己了，他的敏感，他的倔强，他的初心不改，香奈儿从他身上仿佛能看到了从前的自己。

然而，香奈儿还是不够了解列维迪，他再像也不是自己。要说一点不同，那就是列维迪天生就是一个悲伤的人，两人之间也因此开始产生裂痕。

在《蓝色列车》的庆功会上，列维迪作为米希亚座上宾也在其中。彼时，香奈儿与列维迪之间有着说不清道不明的关系。他一个人坐在角落中，与周围的一切都是那么格格不入，一切的热闹与喧哗他都视而不见，唯独深情而又有些回避地望着香奈儿。

他对香奈儿深深地迷恋，无可救药地爱着她，却又不满意她的生活，她的作风。他睥睨人世间一切的纸醉金迷，而香奈儿恰恰必须生活在这之中。

他希望得到别人的认可，希望自己的作品被人诵读，但是当他知道香奈儿为她出资时，他又陷入极大的矛盾和被人羞辱的自卑中。

他是一个矛盾的分裂体。

于是，当这个故事本该有个美好结局的时候，列维迪却选择了悄无声息地离开。

事实上，列维迪并不是第一次离开香奈儿，只不过这一次更彻底。列维迪想要离开与香奈儿密不可分的一切纷扰，却又放不下对她的爱，于是在矛盾中来来回回，两人也几经分分合合。

这一次情人的离去，似乎并未激发香奈儿多大的情绪。

爱情始于爱情，更要终于爱情。

卡佩尔留给香奈儿的情伤，必须要以爱情为药方可治愈，而列维迪正是那一剂对症的良药，治好了她，也武装了她。

列维迪的离去，香奈儿多多少少懂得他，理解他。更重要的是，她已经对情爱产生了免疫力，自此，心着盔甲，万剑不得穿。

1926年，列维迪再度回到了巴黎，但是关于两人的结局，有的说他将自己全部的心血付之一炬，再次消失；也有的说他成了香奈儿的员工，用笔尖点缀她的时尚。

然而，这段感情始终没有结局，或许这于香奈儿而言就是最好的结局。

离开公爵，做独一无二的香奈儿

在女人的眼里什么是最重要的，青春、财富、容貌、爱情？

青春易逝，红颜渐老。没有什么比这更残酷的了，一切美好事物的流逝都比不上美人迟暮更让人感到惋惜。

但是于香奈儿而言，岁月的流逝，似乎没有对她产生影响，因为她的美可以超越时间，跨越年龄。她的美不浮于表面，而是由内而外散发出魅力，不会因时间的流逝而逐渐消退，反而会更加风情万种，深沉美好。

1923年的香奈儿已经40岁了，我们总会说，每一个整十的岁数对女人而言都是一道坎，过了这个坎，就会进入不同的世界，40岁的女人已经完完全全与青春分离开来。

但香奈儿依旧活得精彩。

1923年圣诞节，香奈儿到蒙特卡洛度假，宴请了自己的模特兼合作伙伴——维拉。

维拉身材苗条，香奈儿十分欣赏她，让她穿自己设计的衣服，并说有人问她时，只需说出设计师的名字。

两人的关系非常好，除了在合作上十分愉悦之外，维拉与香奈儿妹妹安托瓦内特的经历十分相似，而香奈儿的妹妹在卡佩尔去世后不久在一场流感中也不幸身亡了。

也许，是对妹妹的思念，让香奈儿对维拉有了几分特别的情感。

香奈儿在蒙特卡洛待了很长一段时间，这期间她常邀请维拉一同游玩，而正是由于与英国贵族交往颇深的维拉促成了香奈儿与本德尔公爵相识。

有人说，香奈儿早已有了进军英国上流社会的野心，所以对维拉尽心栽培。而这段相遇的故事注定要与香奈儿的事业产生千丝万缕的联系。

本德尔，名副其实的英国首富。他的财富来源于爷爷威斯敏斯特公爵一世。因为他的父亲英年早逝，爷爷去世之后，庞大的家族财富便直接归于他的名下。命运之神过于眷顾他，在20岁的时候就已经有了旁人无法企及的财富和地位。

但是命运是公平的，本德尔始终没有实现生一个健康的儿子得以继承自己爵位和财产的愿望。

本德尔天生具有贵族气质，身材高大，金发碧眼，典型的英国贵族形象。本德尔不善言谈，但他是个不折不扣的行动派，而且举止得体，做事稳重，举手投足间有着别样的魅力。

布尔战争爆发之际，身为皇家骑兵禁卫军的本德尔被派去南非做英军统帅的副官。在战火纷飞的环境下，一次偶然的机会，本德尔与后来的英国首相丘吉尔相识，并在作战中结下了深厚的情谊。

1901年，从南非回到英国后，本德尔与青梅竹马的贵族小姐茜拉结婚，后移居伦敦。但是婚后的生活并非想象的那般如意，第二年，茜拉生下一个女儿更使得这段婚姻陷入了危机之中。一心想要生个男孩的本德尔对这个新生命的降临没有半点喜悦之情，甚至认为她都比不上自己喜欢的一头猎獾犬。

公爵夫人认为自己只要生下了男孩就可以得到丈夫的疼爱和关心，然而事实并非如此。当她在1904年生下一个儿子之后，丈夫对她愈加冷漠，唯独对孩子才会展露笑颜。

然而，人终逃不过命运的捉弄，1909年，本德尔的小儿子在手术后不幸夭折，公爵夫妇陷入无尽的痛苦当中，婚姻也在不久后走到了尽头。

与香奈儿相遇时，本德尔正处于第二段婚姻中，他的第二任妻子亦是贵族小姐，但是在婚后的很长时间里并未给本德尔生下一个男孩。于是，本德尔将大部分心思放在游艇上，取名为"飞云号"。

1924年夏日的某一天，本德尔乘坐着自己的"飞云号"来到了蒙特卡洛港口，此时，香奈儿与她的朋友正在此处游玩，本德尔远远地就看见了香奈儿，而香奈儿似乎并未注意到他，只是淡淡地扫了一眼。

这一眼在本德尔心中已然是惊鸿一瞥，这个气度不凡的女子于他而言有着致命的吸引力，以至于那么在乎孩子的他都可以选择让步。

本德尔一心想要与香奈儿相识，于是在游艇上举行了一场宴会，并请求维拉说服香奈儿参加。香奈儿本来是拒绝的，但在维拉的软磨硬泡下，终于表示会去参加。

本德尔是个十分有情调的男人，丰富的感情经历也使得他十分了解女人。当晚，他邀请了一支吉卜赛乐队，他还用地道而风趣的法语同香奈儿交谈，并邀请她跳舞。两人虽是第一次搭档，却十分默契。

通过近距离的交谈，两者更加了解彼此，香奈儿开始关注本德尔。而本德尔公爵从看到香奈儿的第一眼起就已经沦陷，愈是深入了解，他愈被香奈儿的魅力和独立的个性所折服。

本德尔公爵对香奈儿展开了热烈的追求。

当晚，香奈儿回到酒店，一打开房门，花香扑鼻而来，自己居住的套房中铺满了鲜花。香奈儿有一点吃惊，她很久没有受到过这样的待遇了。虽然香奈儿并未开口，心中对本德尔却多了好感。此时的香奈儿与列维迪的情感陷入了尴尬的进退两难的境地，本德尔的出现恰好缓解了香奈儿心中的郁闷。

在香奈儿回到巴黎后，这样的浪漫并未中断。有一次，威尔士亲王访问巴黎，本德尔陪同在侧，但他利用职务之便，悄悄地来到了香奈儿的住所。他手捧鲜花，高大的身躯几乎挡住了倾泻而下的阳光，管家以为仍旧是送鲜花的小哥，而本德尔告诉了他自己的身份，并要求见香奈儿小姐。

无论哪一个女人面对这样一个自带贵族气质男人的浪漫追求都会情不自禁地深陷其中吧！本德尔满足了一切少女对白马王子的幻想，而香奈儿到底是比普通女子多了几分理智。她对本德尔不是不动心，而是有更多的考量。

香奈儿的事业正处于发展的关键时期，而她又是重视爱情的女人，一旦开始新的恋情势必要分心。更关键的一点，本德尔与香奈儿的艺术家朋友们合不来。

这时期的香奈儿，她的创作灵感均来源于艺术圈。这些艺术家朋友给予了她很大的帮助，如果同本德尔交往就要失去这些朋友，对香奈儿来讲损失过于沉重。

但是，香奈儿却十分享受与本德尔在一起的日子，两人一起并肩漫步在洒满夕阳的沙滩，一起参加《蓝色列车》的彩排，一起骑马远足……一切都是岁月静好的样子。

彼时，本德尔也结束了自己的第二段婚姻，他将香奈儿带到自己的伊甸庄园中。在那里，香奈儿度过了一段安逸而快乐的时光，而她的事业也上升到了新的高度。

本德尔与香奈儿的关系日渐亲密。1927年初夏，香奈儿的分店登陆伦敦，分店的房产是本德尔的。本德尔也成了香奈儿外甥安德烈女儿的教父，媒体还曾捕捉到他手抱婴儿的画面，外界纷纷猜测两人好事将近，香奈儿有望成为公爵的第三任妻子。

然而，横亘在两人中间的难题却始终得不到解决。一方面，已经年过40的香奈儿很难再有身孕，而本德尔迫切需要男孩来继承自己的爵位；另一方面，本德尔不止一次地提到过让香奈儿专心做公爵夫人，不要再忙于自己的事业。

香奈儿四处求医，为生育后代奔波，却没有什么用处。在如此情况下，本德尔还是向香奈儿提出了结婚的想法。

香奈儿突然意识到，同这样一个男人结婚，既满足不了他所求，也保全不了自己。

于是，她拒绝了公爵的好意："等我有了孩子再说吧。"

对于公爵夫人，这个尊贵的头衔，多少女人求之不得，但在香奈儿眼中远远比不上自己的事业。当然，公爵的财富远比香奈儿多得多，但是从一开始，她看到的就不是这些，她只希望能陪这个男人走下去。

1929年夏天，在"飞云号"甲板上，本德尔与香奈儿发生了争吵，似乎是本德尔有出轨的倾向，场面一度僵持着，没有人敢上前。

本德尔公爵突然转身离开了，几分钟之后，他的脸上充盈着微笑和深情，手中还拿着一串祖母绿项链，慢慢地走到香奈儿面前，在她耳边喃喃说道："可可，嫁给我吧。"

这是香奈儿曾经无数次梦到过的场景，但现在，早已物是人非。

手心触及冰凉的宝石，香奈儿突然做了一个决定，她将宝石扔进了大海，也为这段感情画上了句号。

她一心寻求独立，却从未想到会不结婚。既然无法给予爱人想要的陪伴和子嗣，何不优雅地转身，保全自己的骄傲和尊严。

在公爵夫人与独立的时尚女王之间，香奈儿毫不犹豫地选择了后者，就像她所说：公爵夫人可以有很多，但可可·香奈儿只有一个。

上帝为谁定做的女人

对于一个女人而言，最大的安定莫过于找到一生的归宿，与心爱的男子双宿双飞。这平凡简单的愿望在香奈儿的生命中却是那么遥不可及。

她太美好又太神秘，神秘得让人觉得世间的男子都无法读懂她，看透她，以至于给不了她想要的爱和婚姻。

也许，上帝是有私心的，他让香奈儿独自而来，洒落时尚和魅力，缔造传奇和辉煌，又让她独身而去，了却一生，不为任何一人穿戴嫁衣。

她是上帝的天使，只能以孤冷的姿态，傲视一切芳华和落寞。

聪慧如她，每一次的爱情都是一场才华与灵感迸发的过程；孤单如她，一颗向往爱的心在颠沛流离中慢慢枯萎。

香奈儿注定是一个人的女王，若对方不够强大，香奈儿绝不会交付自己的真心，而那些获得她爱意的人，却又不懂得珍视她的强大和独立。

她要保全自己的自尊、骄傲、事业与独立，就不得不与婚姻挥手说再见。她只能享受爱情而无法兼得婚姻。

香奈儿虽然没有为任何一个男人穿过神圣洁白的婚纱，但她对白色散发的魅力却无法抵抗。

香奈儿与白色的渊源可以追溯到童年，记忆中珍藏的那一条白色连衣裙让她对白色如此情有独钟。在参加坚信礼时，香奈儿的父亲送给她一条以蝉翼纱装饰的白裙，还带有像婚纱般的头纱。对香奈儿来说父亲仅有的温柔都收藏在这条裙子里，它是独一无二的。

年少时的香奈儿在修女院中常会做一个梦，梦中的她似乎是一个高贵的公主，戴着玫瑰花冠，穿着白色的裙子，静静地坐在自己的房间里。满眼望去，没有富丽堂皇，白色尽收眼底。

彼时，白色是自由的象征，是对未来的向往，是梦与美的展现，是当时的她最大的渴望。

实际上，在很长一段时间里，白色在西方国家所代表的含义与中国传统文化一样，是悲伤、哀痛、离别，而不是像婚纱的白，表示忠诚和纯洁。中世纪的法国王室，就以白色的丧服表示最沉痛的悼念。在修女院生活的香奈儿深深地了解白色这一层含义。

多年后，在诗人雷蒙·拉蒂盖的葬礼上，香奈儿以毫无杂质的白表达了自己对朋友的哀悼。白色的棺木、白色的鲜花、白色的墙壁、白色的灵车，纯洁中透露着庄严，庄严中蕴含着哀思。

在威尼斯，她与米希亚一袭白衣去送别迪亚古列夫。他曾是神采奕奕的俄罗斯芭蕾舞团团长，从《春之祭》到《蓝色列车》，他赋予了芭蕾舞剧深沉而伟大的内涵，也同香奈儿结下了深厚的友谊。

而如今他成了奄奄一息的病人，在生命的最后关头还念叨着：谢谢你们穿白衣来送我，让我又一次看到了年轻的岁月和遥远的青春，愿你们永远身着白衣。

香奈儿知道白色是最深沉的祭奠，但她更知道白色不仅为祭奠而生，它亦可以成为一种时尚。

于是，在20世纪30年代，经济大萧条后的巴黎，迎来了一个以香奈儿的设计命名的时代——"纯真的白缎子年代"。

"在我之前，女人对每个颜色都跃跃欲试，除了无色的白。我早就说过，黑色容纳一切，白色亦然。它们的美包容一切，绝对和谐，在舞会上，身穿黑色或白色的女子永远都是焦点。"

彼时的香奈儿住在她梦中的房子里，缔造着一场与白色相关的梦，而这梦在不久后就变成了现实。

香奈儿在洛克布鲁买下了一块地，在蔚蓝海岸建造了一栋只属于可可·香奈儿的别墅。她钟情于黑色，然而在这栋别墅里，她使用了白色。白色的塔夫塔绸窗帘，餐厅的白色墙壁，来自全世界各地的老家具，水晶灯下的白绒地毯，柔和的地中海阳光。花园里种植的橘子树丛、鸢尾花、玫瑰花丛和薰衣草，一切的一切都是新的尝试，更是新的开始。

她为它取名叫"La Pausa"，意为休息之地。

香奈儿常常站在别墅的楼台上，眺望远方的意大利海岸，身后是飞扬的白色裙角，而心中因回想往事而升起了缕缕惆怅。

1928年，本德尔公爵的小女儿18岁之时，他特意举办了晚宴和盛大的舞会为女儿庆生。香奈儿也在邀请之列。

她本打算穿着自己喜欢的白色连衣裙去参加舞会，然而她突然意识到自己的身份，作为一个情妇，她不能穿着类似婚纱的礼服出席情人女儿的宴会。尽管香奈儿向来桀骜不驯，但是在某些方面，她却十分谨慎。

香奈儿假装生病躲过了这次邀请，但是不能名正言顺地穿上白色衣裙却成了她最大的遗憾。

她决定不仅要为自己也要为所有的女性设计白色的裙子，将这种纯净的神圣的颜色运用在自己的设计当中。

一针一线，交织着期望与心血，一件件清爽、干净、优雅的连衣裙从香奈儿的手中诞生，但是女人们望而却步了，她们仰慕它的美好，又止步于传统的束缚。

香奈儿与她们不同，她清楚地知道白色有祭奠、悲伤的含义，但这并不代表它没有魅力，与时尚无缘。

于是，香奈儿开始频繁穿着自己设计的白色衣裙出入各种高级聚会，她就是要让女人们看到白色的魅力。

白色如茉莉的花瓣，如寂静的飘雪，纷纷扬扬地洒落，将香奈儿的清纯与素雅、天真与浪漫、高贵与典雅衬托得淋漓尽致。白色衣裙下包裹的身躯更加玲珑有致，韵味无限。站在聚光灯下，香奈儿的脸庞如少女般雪白红润，俨然一位璧人，光彩夺目，让人移不开眼睛。

到了1929年，各大时尚杂志到处都是香奈儿婀娜的身影，它们评价香奈儿：她赋予了白裙活力与魅力，使得它在沉寂中重生。

在意大利威尼斯的丽都岛，她身穿白色睡衣式的海滩装，手上戴着宝石手镯，在海边的游艇甲板上安静地微笑着。

在网球场上，她又是一身纯洁无瑕的白色装扮：色调一致的白帽、白鞋和白色网球装，增添了她的活力。

转年，香奈儿的身姿又出现在英国普尔港，她穿着剪裁得体的白裙子和白外套，精神抖擞地站在怀特上校的蒸汽游艇上。

在巴黎的各大派对和舞会上，香奈儿气定神闲地身着白色缎面裙，戴着闪亮的珍珠，与各界名流优雅地交流、谈笑。

如梦如幻，如痴如醉，香奈儿就是上帝为我们，为时尚定做的女人，她从来不是谁的情人，也不可能成为谁的妻子。

1932年，香奈儿服装春季发布会上，白色成了当之无愧的时尚主角。她推出了白色系的春季时装系列，并将过去创作的白色服装进行了全新的设计和改良，以新的形象出现在世人面前。

美国《VOGUE》杂志的法国版对这一系列做出了极高的评价：康鹏街将白色进行了全新的演绎，为时尚界增添了新的生命力。香奈儿的白色让人们仿佛置身于诺曼底的果园，在自然中真实地触碰到春天的色彩。

然而在香奈儿庞大的白色服装王国中，却极少看到婚纱的身影。

在香奈儿的心底，白色到底还是悲伤的。

香奈儿设计的为数不多的婚纱里，有一件是给自己的妹妹安托瓦内特的。这个热情的姑娘一直追随香奈儿的左右，为她的事业忙里忙外。终于有一天，她找到了自己的爱情，于是奋不顾身地飞走了。

香奈儿设计了一套白色婚纱作为新婚礼物送给了自己的亲妹妹，而那场婚礼竟成了两人的生离死别。

白色的婚纱成了姐妹深情的最后牵连。它代表圣洁，代表忠贞，也预示了死亡。

迪亚吉列夫生前最爱的白裙子亦成了香奈儿思念好友的寄托。

父亲将最后的柔情以白色纱裙相赠，转身将香奈儿抛弃，越走越远。

也许，白色就是这么的忧伤。

香奈儿钟爱它，迷恋它。是因为在生命的最开始就已与它结下了深深浅浅的缘分。但是白色在香奈儿的生命中，依旧是深埋的爱与痛，所以她才对婚纱设计讳莫如深。

但是，亲情的力量总是能冲淡一切，香奈儿的姑姑艾德里安结婚时有幸穿上了香奈儿设计的婚纱。因着亲人的请求，在妹妹死后，香奈儿才又一次投身于这样的创作中。

在1930年时，香奈儿曾作为见证人参加了艾德里安的婚礼，看着新婚夫妇热情甜蜜地相拥，香奈儿的心中某个柔软的地方忽然被触动。如果她是一个以爱情为中心的女子，或许早就穿上了自己设计的这一袭梦幻般的纱裙。

然而，她并不是。

我们无法得知，香奈儿是否后悔过自己的选择，但是她始终以一颗强大的内心演绎着时尚与色彩的碰撞，与时代的接轨，与潮流的携手并进。

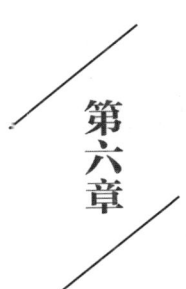

第六章

逆流而上的疯狂者

小黑裙的魅力

不一样的颜色，代表着不一样的含义。黑色是万色的开始，亦是万物的归宿。如果说，有哪一种颜色深沉而不浮夸，稳重而不死板，那一定是黑色。

女人们大多喜欢清澈鲜亮的颜色，因为她们觉得那更能彰显自己的魅力。红色代表性感热情，蓝色代表高雅冷淡，黄色代表活泼开朗，粉色代表甜美可爱，而黑色总给人以死气沉沉的感觉。

但香奈儿从不这么认为，在她眼里黑色才是最具塑造力的颜色。它可以满足女人们所有的需求，它可优雅可活泼可性感可高冷，它是那么的深邃，蕴藏着无限的魅力。

只有真正爱上它的人，才能读懂它。

香奈儿一直以来对黑色都有不一样的情结，实际上在很早以前，她已经有很多的黑色衣服了，还设计过黑色的宴会礼服。但在那时，人们只在葬礼上才会穿上黑色以示庄重，而把黑色作为日常服饰色调的人几乎没有，更别说在聚会上了。

穿上黑色需要勇气，香奈儿却可以穿一整天，并骄傲地说，在我之前，没有人敢穿黑色。

卡佩尔的离世，更增加了香奈儿对黑色的依赖。她的房间配色以黑色为主，她甚至还将与卡佩尔同住的别墅的窗户都改成了黑色，以此来表达对卡佩尔的思念。

　　香奈儿始终相信黑色有着神秘的力量，能够洞穿世间的一切，甚至穿越时间和空间，将互相思念的两人联系在一起。

　　黑色能为香奈儿带来卡佩尔的守护，能救赎她的沉沦，也能让她获得心灵的安宁。

　　与白色一样，黑色是最简单的颜色，却传达了一种极致的美，它可以让任何一个人穿在身上，展现出不一样的魅力。

　　"我要让全世界的女人为你穿上黑裙。"

　　也许，正是这句由爱而发的誓言催发了小黑裙的诞生。但不可否认的是，香奈儿的心中对黑色的追求是自始至终从未改变的。

　　1920年初期，在剧院忙完工作的香奈儿出来散步，当她看到那些身穿五颜六色衣服的女人时，她的眼神充满不解和些许不屑：这些颜色真让人难受，我恨不得让她们都穿上黑色的衣裙。

　　于是，在1920年夏季的某一天，香奈儿穿着她新设计的黑色裙子出现在了康鹏街，男人和女人的目光都被她的身姿吸引，舆论一片哗然。男人们称赞香奈儿的个性魅力，女人们则觉得她身上的小黑裙美极了。

　　黑色不是香奈儿创造的，它一直都存在于人们的生活中。同样，黑色的裙子也并非始于香奈儿，但是香奈儿设计的黑裙是前所未有的款式，让人们真正感受到了黑色的非凡魅力。

　　香奈儿设计的小黑裙以中国绉丝面料为主，光滑细腻，线条流畅，有一些款式还结合刺绣，以针织项链作为点缀，简洁雅致。

　　在搭配上，香奈儿摒弃了一战之前那种常见的大帽、窄裙摆和繁复的装饰，并将至脚踝的长度调整至膝盖，露出性感的小腿，帅气中透露着灵动。

　　香奈儿让自己的模特们都穿上新款的小黑裙，让她们在康鹏街的店铺前走动。也许在这之前，人们还对香奈儿设计小黑裙而感到不可思议，而现在她们却不得不被这种简约大气的装扮所吸引。

女人们对这样的小黑裙的第一印象就是太普通了，如果穿在身上无法显示出自己的魅力，也无法在众人中脱颖而出。而当看到这些模特穿在身上时，她们发现并非自己想的那样，不仅没有千篇一律，反而各有千秋。虽然模特们身材苗条，但是女人们往往会把自己看到的样子想象成自己，于是她们开始争先恐后地去香奈儿的服装店进行试穿。

由于本来期望值不高，而当真正穿在身上时，竟然出乎意料地合身得体。相比那些装饰复杂、昂贵搭配的衣裙，小黑裙别有一番韵味。当满意程度超过预期时，她们便开始疯狂地迷恋上了这款简单而不失优雅的服装。

经典的事物在刚刚崭露头角之时向来不被看好，而当真正流行时也会饱受争议。

经典之所以能够经久不衰，也正是因为它承受得住千锤百炼。

香奈儿曾坦言：没有比制作小黑裙更难的事情了。在宴会上那些花花绿绿的衣服中间，一袭白裙或者黑裙足以显得与众不同，但一开始人们似乎不这样认为。

是的，以常人思维来看，女人想要引人注意最好的办法无疑要靠昂贵耀眼的首饰或者鲜艳夸张的衣服。所以，在人们的潜意识里这样一款简单的几乎没有装饰的黑色衣服只能作为丧服，而扭转这种观念恰恰是最困难的事情。

改变一个人的固有想法，从来不是依靠说教，最聪明的办法就是让她自己打破自己的观念，从常识思维中跳脱出来，香奈儿正是利用了这一点。

小黑裙很快收获了女人们的芳心。巴黎的大街小巷不再像以往一般充斥着五颜六色和烦琐夸张，女人们都不约而同地穿上了简约时尚的黑色连衣裙。

这是一场女性与黑色共舞的盛宴，更是一场打破传统时尚的革命。

香奈儿将黑色从葬礼中救赎，让它进入平常的生活中，宴会中，沙龙里。

它将自己的魅力尽情绽放，成了高贵、典雅、自由、时尚、深邃的代名词。

美国《VOGUE》杂志将小黑裙与美国最热卖的福特汽车并论，并预言它会引领一个时代的潮流，成为一个时代精神的结晶。

到了1926年，香奈儿的小黑裙已经征服了全世界女人的衣橱。其价值也随着流行程度而大大增长，络绎不绝的人来到康鹏街就是为了一睹小黑裙的风采。

正如那句话所言，受多大的赞美，就要经得起多大的诋毁。

在小黑裙如此受欢迎和盛行之时，很多传统的设计师却认为它破坏了其他色彩带给人们的视觉享受，就连著名的设计师保罗·波烈都认为小黑裙"营养不良"，但这依旧抵挡不住女人们对它的喜爱。

时至今日，香奈儿所设计的小黑裙依然经久不衰。它们静静地挂在商店的橱窗里，各式各样的衣柜里，诉说着关于香奈儿的故事，展现着她的神秘与妩媚。

小黑裙是香奈儿的标识之一，同时也是全世界女人的梦。

香奈儿却说："作为一个女人，你可以穿不起香奈尔，你也可以没有多少衣服可供选择，但永远记得别忘记最重要的一件衣服，这件衣服叫作自我。"

或许，香奈儿设计小黑裙最大的目的就是要呼吁全世界的女性不要迷失自我：一个女人也可以按照自己的方式来生活，无须委曲求全讨好男人，女人也有权利选择自己的爱人，选择自己的事业和工作。

而这，正是卡佩尔教会她的。

正像那句话所说，香奈儿的每一个情人对她而言都是一所大学。卡佩尔是其中最重要的一个。他拯救了她的身体和心灵，也教会她如何生活，如何去爱。

小黑裙融入了香奈尔最真挚的情感，同时精准地满足了女性的需求。一般无二的黑色，在不同的女人身上也会表现出不同的风格，或是高雅端庄，或是清新俏皮，或是时尚精致。总之，简单的颜色却能衬托出不简单的美感，这便是小黑裙的魅力，也是它经久不衰、独受恩宠的原因。

玛丽莲·梦露的最爱——"香奈儿5号"

香奈儿说："我喜欢的香水应该像一记耳光一样令人难忘。"

在"香奈儿5号"问世的30年后，20世纪50年代的某一天，好莱坞以性感著称的女星玛丽莲·梦露接受了记者的采访。

记者问道："梦露小姐，你睡觉时穿什么？睡衣、睡裙又或者睡袍？"

梦露俏皮而又性感地说道："A few drops of Chanel No.5."

女神一句"只穿香奈儿5号入睡"的深情告白，给这款香水增添了无限的魅力。

"应该在何处擦香水？""在每一处想要被亲吻的地方。"

"我喜爱女人，我想给她们提供衣服，她们穿着我的衣服会很舒服；她们可以开车，同时衣服能突出女性气质，而且女性的身体还能随着衣服滑动。我还想给她们一种香水，是一种人造香水……我不想要玫瑰或者是山谷里的百合，我想要一种合成的香水。"香奈儿曾迫切地表达了自己对香水的渴望。

法国诗人保罗·瓦莱里曾说："不会用香水的女人没有未来。"

有人会说，女人的未来难道仅凭一瓶小小的香水来评判吗？或许，在

"香奈儿5号"之前，人们还会有这样的疑惑，直至它的诞生，人们渐渐意识到，原来还可以用正在用"香奈儿5号"和想用"香奈儿5号"来划分阶级。

一瓶小小的香水代表的并不是单纯的香气。

在1920年之前，时髦的女人们能够选择的香水还只是一种单调的花香或者是混合的花香味。这样的香味极容易分辨，而且十分不上档次。香奈儿对此的评价是：从一个女人身上闻到一种纯粹的花香，这是一种很假的体验。

对香味异常敏感的香奈儿对那种刺激气味极强的碱性肥皂早已无法忍受，并且她早就希望女人们在穿着漂亮衣服的同时，用一种神秘而淡淡的味道来增添自己的魅力。

但是香水的制作不同于设计一件服装那样简单，这里面涉及的知识非常广泛，包括医学、化学、植物学等各个学科。显然易见，这对于身为设计师的香奈儿来说是困难重重的。

当香奈儿将自己的想法告诉一直陪伴在身边的艾德里安时，毫无意外，遭到了她的强烈反对。她认为香奈儿在服装领域已经有所成就，完全没有必要再去触碰未知领域，以免带来不必要的风险。

艾德里安的话虽然对香奈儿造成了一定的打击，但是她从未想过要放弃。香奈儿清楚地知道，这只是个想法，是一个并不成型的梦，仅靠自己的力量是无法完成的。

幸运的是，上天总会眷顾有梦想的人。

机缘巧合下，香奈儿结识了调香师恩尼斯·鲍，这个不成型的梦此刻已不再残缺。

恩尼斯是法国人，但他出生于俄罗斯首都莫斯科。沙皇时期，他曾在专门为俄罗斯皇室提供香水和肥皂的拉莱工厂担任技术主管，是名副其实的御用"调香"大师。

1917年，十月革命爆发，恩尼斯跟随流亡的贵族一起回到法国，并于一战期间在此服兵役，成了一名骁勇善战的军官。

1919年，一战接近尾声，对香水有着无法割舍情愫的恩尼斯，重操旧业，在格拉斯与之前的同事合作开设了实验室，继续研制香水。

对战争的感悟激发了这位调香师无限的灵感，在战争期间就进行过几次关于香水的实验，但迫于形势，最终也不了了之。

彼时，恩尼斯更萌生了强烈的念头，他要制造一种独一无二的香水，要让它站在香水帝国的王者之位，俘获全世界的嗅觉。

这一点，与香奈儿不谋而合。

1920年，米希亚为香奈儿介绍了一位俄罗斯贵族，此时的香奈儿还沉浸在卡佩尔离去的悲伤中，米希亚一直在张罗着为香奈儿挑选一个合适的情人。

这位俄罗斯贵族，就是狄米崔大公，同样也是从俄罗斯逃亡至巴黎的落难王孙。

香奈儿正是通过狄米崔大公的介绍与恩尼斯相识。因着千丝万缕的牵连，两个同样痴迷的人一起在格拉斯谱写了一段关于香水的传奇之曲。

格拉斯位于法国东南部，有着十分动听的名字，例如"香水小城""嗅觉天堂"。是的，"城"如其名，这是一片花的海洋，更是香气弥漫的小小世界。

鲜艳欲滴的红玫瑰、唯美浪漫的薰衣草、清香秀丽的茉莉花、高雅端庄的百合……在我们的眼里，这是大自然色彩的碰撞，是一场争奇斗艳的舞会；而在调香师的眼中，这却是香气与香气的亲密接吻，是一场花香与春天的约会。

在这里，香奈儿亲眼看到了鲜花采摘、挑选，精油淬炼、提取，香水制作、分销的全过程。在感叹的同时，她也陷入了沉思。

　　香奈儿越来越频繁地出入恩尼斯的实验室，她已经完全把这里看作自己的办公室。

　　恩尼斯天生嗅觉灵敏异常，正是这样的天赋使得他在香水的世界里游刃有余。相传恩尼斯有着过鼻不忘的本领，只要是他闻过的气味就可以在极短的时间内分辨出来。

　　在恩尼斯的实验室，她亲眼见证了这个合作伙伴的能力，也因此对他愈发崇拜，更加坚信他们能够携手打造一款惊艳世界的香水。

　　鲜花烂漫时，两人在花田边散步，香奈儿突然问道："你觉得花香好闻吗？"

　　恩尼斯怔了一下："能够呼吸这样的空气我觉得幸福极了。"

　　"但是我想要的并不是这样的香味，我要的是混合的人工香味。"香奈儿一字一句地告诉恩尼斯。

　　尽管香奈儿有着敏锐的商业头脑，极强的设计理念，在嗅觉方面也不是平淡无奇，但是恩尼斯从未做过这样的尝试，他对此表示深深的怀疑，迟迟没有行动。

　　恩尼斯只是一个调香师，他只想着在原有的基础之上分配重组一款与之前大不相同的香水，但从未想过完全创新。

　　香奈儿的想法一时间使得他有些不知所措，但是之后香奈儿所展现出来的超强信心和无所畏惧的勇气说服了他。

　　这是一种敢于抛弃已知、勇于挑战未知的精神。

　　有那么一瞬间，恩尼斯觉得自己真的比不上眼前这个瘦弱的女子。

　　恩尼斯从煤焦油中提取了苯甲酰醋酸盐，这种无色的液体闻起来居然有股淡淡的茉莉花香。

　　香奈儿闻到后，当即表示这就是自己想要的香味，唯一美中不足的是，茉莉香过于清淡，太容易消散。

恩尼斯采用冷浸萃取技术从西班牙茉莉花中提取花汁，并将其与苯甲酰醋酸盐混合。两者相遇的一瞬间，一种强烈的、深沉的香味扑鼻而来，它不是纯粹的茉莉香，却又将其囊括其中，历久不散。

那种对香味的渴望一下子被满足，香奈儿希望恩尼斯能够多制作一些不同的小样以供她选择，以便找到那一种能够萦绕心头的香。

香奈儿将服装生意全权交给艾德里安管理，自己则全身心地与恩尼斯进行样品的研制。经过一番不为人知的艰辛，恩尼斯提取了其他花汁，一连调配了数十种品类不同的样本，经过层层筛选，最终将两个系列的十个样本呈现在了香奈儿面前。

恩尼斯依序从十个小样中抽取一滴滴在玻璃盘中，让香奈儿充分感受。全部闻完之后，香奈儿再次将目光锁定在五号小样。她说，这才是真正属于女性的香水，它将会唤醒女性身体中自信的格调，将女性的魅力无限放大，成为一种新时代时髦女性独一无二无的标志。

但是若只有香奈儿倾心还是远远不够的，怎样才能知道它是否能够俘获其他女人的心呢？

香奈儿做了一个实验：她在餐厅吃饭时，每当有女性经过，她就会轻轻喷一点小样，果然，女人们都会下意识地停留，仔细嗅一嗅这特别的香味。

虽然香奈儿对这样的结果早有预料，但亲自验证之后依旧兴奋不已。

出了餐厅，香奈儿就开始为香水命名，很快便确定为"香奈儿5号"，但是其中的细节任何人都无从得知。

关于"香奈儿5号"的命名，很多人都觉得太过随意。名字加数字的结合，毫无实质性的意义。但是，这也是一个创新之举，在此之前从未有过这种形式的命名。

有人说，5号是香奈儿的生日，实际不然；也有人说香水的标示是5号。恩尼斯在一次演讲中给出了相对权威的答案：香奈尔小姐说，她5月5日开时装发布会，这又是一年中的5月，那么就把No.5这个名字留给它吧，这个数字总能为她带来好运。

即使如此，这样的命名依旧存在很大的争议。与"香奈儿5号"密切相关的几个人向世人透露的竟是完全不同的故事版本，但相互之间并未争论和辩解，这一系列事情不免让人有些匪夷所思。人们猜测，或许是香奈儿为了宣传造势故意为之……

无论真实情况如何，有一点毫无争议，那就是No.5，为女人而生！

打造香水帝国

香奈儿不仅是一个浪漫的艺术家，才华横溢的设计师，同样也是一个精明的商人。

在香奈儿决定出售5号香水后不久，第一批"香奈儿5号"小样出现在了巴黎。早在回来的火车上，香奈儿就已经想到了绝妙的营销计划。

是的，她并不着急出售，而是先勾起女人们的欲望。她让店员将香水喷在试衣间和大堂，每当有顾客询问试衣间香水从哪里能买到时，店员们就会择优回答：我们不出售香水，若您真的喜欢，可以秘密赠送您一支小样。

有限的香水激起了人们的渴望，却又无法满足他们的需求，越来越多的人慕名而来，甚至买衣服只为得到一支香水。

这样的情况一直持续到1921年5月5日，这一天是"香奈儿5号"正式发售时间。

香奈儿的精心铺排得到了应有的成效，"香奈儿5号"一经面世，就获得了巨大成功。从这一点来看，香奈儿可谓是"饥饿营销"的始祖。

她清楚地知道，虽然香奈儿5号一经面世就获得如此高的评价，但是仅靠在服装店和朋友中热卖是远远不够的。

要想真正长久地提高销量，就必须依靠传统的商业模式。

香奈儿在好莱坞之行中曾多次观摩美国百货大楼的营销模式，对此印象深刻，并且有意将香奈儿5号以这样的方式进行出售。

于是，她联系了拉法耶百货大楼的老板泰奥斐乐·巴德尔。

香奈儿与这位商业界的大亨有着不小的渊源。曾经，香奈儿就是拉法耶百货商场大量的平顶帽和丝带等装饰物的供货者。依靠帽子走出了事业的第一步，才铸就了现在的辉煌，成了现在鼎鼎大名的可可·香奈儿。

巴德尔也是一个相当传奇的人物。1895年，他还是一个卖小型日用品和玩具的商店店主。短短几年之后，当初狭窄阴暗的小店竟一跃成了巴黎最大的百货商店——拉法耶百货，他也因此成了零售业界的传奇，他的名字被永远地刻在了零售界的历史上。

香奈儿与巴德尔进行洽谈时，顺便带上了一瓶香水。巴德尔对这款带有神秘色彩的香水早有耳闻，不过在见到实物的那一刻还是被震撼到了。他当即表示，对"香奈儿5号"十分感兴趣，看好它的市场前景，同时期待与香奈儿的合作。

香奈儿对这样的结果很满意，不过要以这样的形式销售香水，就必须保证产量，而恩尼斯的实验室每天只能生产很少一部分，对此香奈儿陷入了沉思。

这时，巴德尔想到了一家具有强大生产能力的工厂——夜巴黎。而他与这家工厂的老板皮埃尔和保罗存在业务上的往来，有一定的交情。

于是，通过巴德尔的牵线搭桥，香奈儿辗转认识了皮埃尔兄弟。

此时的香奈儿还沉浸在香水得以大规模销售的伟大蓝图中，却不知，不久之后这对兄弟将给她带来麻烦和灾难。

皮埃尔与弟弟保罗同属于威泰莫家族，这是一个拥有巨额财富的犹太家族。

皮埃尔完全继承了家族中人的特点，精明能干，做事低调。他和弟弟保罗不仅拥有全法国最大规模的化妆品生产的综合性企业，还是拉法耶商城最大的股东。他们的客户合作商来自世界各地，销售网络遍布全球。

接到巴德尔的电话，皮埃尔稍作考虑便决定亲自去拜访香奈儿。

皮埃尔如此爽快的原因，除了"香奈儿5号"的热卖之外，更多的是因为香奈儿的鼎鼎大名。在他看来，无论香奈儿要干什么，他都有必要去见一见。

在杜维埃的赛马场上，香奈儿与皮埃尔进行了首次碰面与洽谈。

在轻松随意的环境中，两人开始了直接对话。

"你愿意为我生产和销售香水吗？"香奈儿看着赛马场上激烈的比赛，漫不经心地说道。

"为什么不呢？"皮埃尔反问，"如果是以你香奈儿的名义，我很乐意效劳。"

皮埃尔显然对"香奈儿5号"产生了浓厚的兴趣，而这很大程度上是因为见到了香奈儿。

也许，香奈儿散发的个人魅力远比香水大得多，也许香奈儿直爽的性格让皮埃尔十分欣赏，又或者香奈儿让他意识到，生产"香奈儿5号"将会获取很大利润。毕竟，最能打动商人的还是赚钱。

随后，皮埃尔向香奈儿描绘了辉煌的未来，承诺会为"香奈儿5号"建造一家专属公司，并表示会最大限度地往新公司投入资金。

香奈儿并没有给予太多要求和回应，只是淡淡地说了句："一切按照你说的来，我只要10%的股份。"

对于这样的答案，皮埃尔自然十分高兴。他像害怕香奈儿会临时变卦似的，立刻请律师起草了合约。

有人说，香奈儿哪里是精明，她是太傻了，仅占10%的股份就意味着她将失去对"香奈儿5号"的绝对控制权。

不过，在香奈儿看来，她要的并不是如何获得控制权，而是希望"香奈儿5号"能够真正地散发光芒，称霸整个香水界。但是只凭她自己，这将是一个漫长的过程。如果借助皮埃尔兄弟，这样的愿望变成现实将指日可待。想要让如此精明老到的商人把身心全放在"香奈儿5号"身上，香奈儿就必须拿出足够的诚意；此外，她希望通过牺牲香水的控制权来保全自己在时装和珠宝公司的控制权。

事实证明，香奈儿的做法的确使她在最短的时间内打造了属于自己的香水帝国。

1924年，新公司成立，以"香奈儿"命名。香奈儿占有其中10%的份额，巴德尔占有20%，而威泰莫家族则占了70%。

如此份额的股权使得皮埃尔兄弟十分满意，他们也从心里把"香奈儿5号"完全当成了自己的产品。此后，在这两兄弟的悉心打理和"慷慨"帮助之下，"香奈儿5号"不断创造销售神话，甚至创造了每30秒就能卖掉一瓶的纪录。

由此香奈儿的香水事业进入了蓬勃发展的全盛时期。她的名字响彻全球，人们提起她时，不仅称她为厉害的服装设计师，也会说她是香水界的传奇。

5号香水的味道开始弥漫在康鹏街的每一个角落，每一缕阳光中。正如几年前一样，康鹏街每天都会迎来很多客人，而这次，他们仰望的主角不是衣服，而是香水。

在31号的店铺内，大门前，在工作室中，在盘旋的镜梯下，在楼上的休息间都被喷洒上"香奈儿5号"。

这种清新淡雅而又神秘莫测的味道牵引着所有人的嗅觉，那些从香奈儿店铺前经过的人都会被莫名其妙地吸引进来。

看到生意如此火爆，香奈儿是兴奋的，但她并不知足。

为了进一步宣传香水，香奈儿本人拍了"香奈儿5号"的第一个广告。广告海报以插画的形式出现，是当时法国著名的漫画家塞姆所作。

海报的主题为The New Women，这表示香奈儿5号将带给女性不一样的体验，将她们打造成新时代独一无二的女性。这也预示着香奈儿的事业上升到了新的高度，并有一个良好的开端。

画面中，香奈儿穿着自己设计的简约服装，保持着自己的一贯风格，却一改女强人的气势，小鸟依人地依偎在"香奈儿5号"旁，与之深情"对望"。

人们不禁感叹，香奈儿5号竟有如此魔力可以让香奈儿这样女王般的人物都为之倾倒。

自此之后，香奈儿更是将"名人效应"发挥到了极致。

1954年，著名性感女星玛丽莲·梦露，那一句充满挑逗意味的告白成了最经典的广告词，也将"香奈儿5号"推到了时尚的风口。

之后，香奈儿选择了来自世界各地的女神为5号香水代言，其中包括劳伦·赫顿、雪洛儿·提格丝，以及还有被《LOOK》杂志封为"年度最美女神"的凯瑟琳·德纳芙等。

女神们的倾情告白使得香水的销量节节攀升。

当然，销量如此喜人更离不开香奈儿公司背后的男人们——皮埃尔兄弟。仅在两者合作的第一年，5号香水在大洋彼岸的销量就翻了数番。

虽然香奈儿与皮埃尔兄弟之间爆发过无数次争吵，还常于法庭相见。但是，香奈儿并不后悔与皮埃尔兄弟合作，也从未想过将联盟解散。

香奈儿凭借自己的商业头脑在极短的时间内建立了一座香水帝国，而她，始终屹立在帝国的中央，俯瞰一切。

为巴黎披上满身星辉

在大多数人眼中，珠宝和钻石无疑是奢华的代表，贵族的标志，财富的展现。它们的珍贵更多是因为价格的昂贵。

在香奈儿眼中，钻石的珍贵更多源于它们给人们创造的装饰价值。

"珠宝有着一种生动的、神秘的、装饰性的价值，除了人们用克拉衡量之外的所有价值。如果说珠宝是一种抽象的符号，那么它代表了卑劣、不公或衰老。太华美的珠宝会让我联想到孀居的贵妇的皱纹、松弛的皮肤和瘦骨嶙峋的手指，或是死亡、遗嘱、公证人和太平间。晒黑的女郎耳朵上垂下来的白色耳环会令我着迷。女人们会目不转睛地看着走进晚宴的另一个女人所戴的冠饰或手镯，她们的眼神被那些昂贵的首饰所吸引，因贪欲而迷失。这样的眼神总会让我浮想联翩。"

的确，珠宝需要大量的金钱投入，但它却不是金钱。它在给人们带来奢华享受的同时，又为佩戴者增添了无尽的魅力和美感。

古老的故事和传说赋予了钻石更多的神秘之感。它是天神的眼泪，是银河的碎片，是陨落的星辰，更是自由与光明的化身，是不可征服的力量。

钻石，它总能用自身的魅力和光芒去拯救平淡和晦暗。它的璀璨会使原本的平庸也变得熠熠生辉。

香奈儿深谙钻石的魅力，也了解和懂得钻石所蕴藏的内涵。

如果一个女人佩戴钻石，只是为了彰显自己的地位，炫耀自己的身份，把钻石作为引人注意和嫉妒的工具，那么钻石也不会为她增添美感和魅力，只会将她的恶俗粗鄙的本性暴露无遗。

钻石是有灵魂的，它更倾心于真正懂得它的人。钻石的美不在于昂贵，更不在于华丽，而在于佩戴的方式和佩戴者的心境。

"昂贵的珠宝并不能提高女性气质……如果一个女性看上去很普通，那么即使她戴上那些昂贵的珠宝，依然很普通……她们疯狂地追求炫目的珠宝，让我感到很恶心；珠宝不是为了引起嫉妒，更不是为了令人惊讶，珠宝只是一种装饰、一种娱乐……从珠宝店里买来的珠宝已经让我厌烦了……"香奈儿感叹道。

正是这样的想法驱使香奈儿涉足珠宝界，而向来说一不二的她，既然下定了决心，就会在最快的时间内将计划落实。

早在1924年，香奈儿就成立了自己的珠宝工作室。当时，香奈儿在时装界和香水界都已经大获成功，她也想在其他领域大展拳脚。观察力敏锐的她发现几乎所有的珠宝店所呈现的钻石饰品样式都大致相同，而人造珠宝和配饰能够满足人们一时的新鲜感，却并不能保证永远吸引消费者的目光。这让香奈儿意识到，或许产品单一的珠宝市场有着巨大的发展空间。

1929年，欧洲的经济大萧条几乎影响了每一个人的生活。繁华热闹的巴黎似乎在极短的时间内归于平淡，街上行人步履匆匆，面带沮丧，为了生计到处奔波。

当然，香奈儿的奢侈品和服装生意也受到了极大的影响。大量订单被取消，店铺的客人也大大减少，朋友们纷纷劝告香奈儿降低生产量，保存实力，采取较为保守的经营方式。然而，香奈儿却并不这样认为。

是的，她要利用这个时机进入准备已久的高级珠宝领域。

她的想法，毫无例外地遭到了大多数朋友们的反对。在那个瞬间破产、瞬间失业的年代，"踏踏实实"才是生存的不二法则。而且在饥寒交迫的巴黎，那些节衣缩食的人们又有几个能够把钱浪费在奢侈品上。

在她们看来，香奈儿的想法愚蠢至极。

香奈儿有着自己的打算，她不是一个鲁莽的人，但当她下定决心做一件事时，就会变得固执无比。尽管经济不景气，消费普遍萎缩，也有不少古老的珠宝店面临倒闭的风险，甚至还有珠宝商登门拜访希望借助香奈儿的名气来销售珠宝。

但是，那又怎么样呢？当初，香奈儿推出宽松针织制品服装时，面临的处境还不如现在呢，况且高级珠宝与传统的珠宝完全不一样。

香奈儿不是要赚大多数穷人的钱，而是要从少数的贵妇身上获取利益。事实正是如此，即使经济再不景气，即使有太多的人失业，但是富人从不会消失，也不能阻止阔太太们把自己打扮得光鲜亮丽。

香奈儿清楚地了解这些贵妇们，她们虽然有钱，也不会轻易掏出，除非做出真正能够打动她们、吸引她们的东西。为这，她不停地拜访珠宝老店，仔细观察珠宝样式和细节，思考客人们喜欢的款式。

1932年11月1日，香奈儿在巴黎举办了个人钻石珠宝展。

这一天是西方的传统节日万圣节，但是整个巴黎依旧充斥着经济萧条所带来的冷清和萧索。而在某个金粉世界里，华丽的帷幕却刚刚升起。一场优雅的社交聚会的请柬上仔细地写着：

"香奈儿的钻石珠宝展，1932年11月1日至19日，在香奈儿女士宅邸举行，巴黎圣奥诺雷大街29号。"

即使天空布满阴云，钻石也能穿透它，将光芒洒落。

展会上的人非富即贵，她们大多来自香奈儿的交际圈，包括巴黎的公主、公爵夫人、大使夫人、杂志主编等各界名流淑女。她们接受香奈儿的邀请或许是为了不错过一次绝佳的交际机会，又或许是为一睹香奈儿钻石的风采。

展览厅依照香奈儿的嘱咐摆设：来自东方神秘的乌木漆面屏风静静地矗立着，似乎在诉说古老的故事；倾泻而下的白色绸缎随意地散落在桌子旁，透露着庄严之美；璀璨的水晶吊灯照耀着白绒地毯，在光与影的交错中尽显肃穆与圣洁。

香奈儿总是有与众不同的想法，即使简单的珠宝陈列她也要做到独一无二。她没有像其他珠宝商使用真人模特，也不是毫无生气地将珠宝摆在展柜中。她让人打造了半透明的精致蜡像。半身蜡像被锁在橱窗里，静静地伫立在黑色大理石圆柱上，将颈间的高级珠宝演绎出别具一格的美感，在暗色的灯光下，仿佛被时光封缄的美人。

香奈儿一直在创造神话，帽子、服装、香水，而这一次的主角是钻石。

星空，是这次系列设计的主题。香奈儿说，她要倾倒巴黎的夜空，为女性披上一层星辉。

在整体的主题之下，香奈儿又将珠宝首饰按照样式划分为三个系列，并冠以美好而温暖的名字：彗星、流苏羽毛、蝴蝶结。

彗星项链，如星光般灿烂，数百颗钻石镶嵌在铂金中，大星延伸出六根长尾，如彗星划过夜空的瞬间，陨落在女性洁白柔软的脖颈上。

流苏发饰，整体的样式似女王的桂冠，闪耀的钻石幻化为薄薄的刘海，秀气灵动。

羽毛发饰，将铂金打造成羽毛的样式交叉于额前，并以钻石点缀，显出凌乱之美。

蝴蝶结项链，以钻石点缀的银白色蝴蝶结坠落在胸前，散发着少女的气息，轻盈柔和，美不胜收……

除此之外，还有太阳胸针、新月项链，当然还有香奈儿女士最爱的山茶花。

其中，山茶花系列的"Air"项链由18K金打造，设计为一排排的钻石，两侧各缀上一朵山茶花，绝对的纯净，无比的娇美。

在香奈儿之前，没有人想到，原来钻石还可以如此生动流畅，一如丝缎润滑，又如流水潺潺，更似花开绚烂。也没有人可以想象得到一款简单的首饰竟有如此多样的戴法：项链可以拆成手镯和胸针；头冠可以作为项链或手镯佩戴；胸针可以调整为戒指……或缠绕于指间，或盛开于脖颈，或流淌于手腕，或点缀于发髻……

展会大获成功，人们纷纷表示这是一场名副其实的视觉盛宴，直到展会结束他们仍旧流连忘返。

而在展会持续的半个月时间里，仍有记者对香奈儿的做法表示费解：为何要在经济如此不景气的时候大张旗鼓地推出天然珠宝呢？

对此，香奈儿解释道："在经历了一段经济恐慌的时代后一种本能的、对所有事物讲求真切实际的热切渴望再度觉醒，我就让装饰性为目的的珠宝归回到它的实际价值。"

香奈儿用她绝妙的创意赋予了钻石低调而奢华的内涵，将沉睡中的珠宝唤醒，开创了一个全新的高级珠宝时代，同是也使得香奈儿品牌更加丰满起来。

生死相拥，一个复杂的灵魂

香奈儿说："不被爱的女人算不上真正的女人，无论一个女人年岁几何，她都需要爱人那种深情的目光，否则和行尸走肉没什么两样。"

有的人会认为香奈儿的说辞不免有些偏激，尤其对于那些呼吁"单身万岁"的人来讲，这种说法太言过其实。

不过，每个人都会有自己对待感情的态度，而这只不过是香奈儿自己的爱情观——爱情之于她是拯救灵魂的良药。

于是，不断追寻爱情的香奈儿在1933年又一次恋爱了。

这一年，香奈儿已经处于50岁的当口，迈进了属于老年女人的门槛。但她依旧心如少女，对爱情满怀憧憬。

故事的另一位主人公叫作保罗·艾里布。他戴着金边眼镜，穿着一件宽领衬衣，脖子上系着松垮垮的水手领结，说话的语气缓慢而温柔。他是一名插画家和设计师，也是香奈儿的工作搭档。

与香奈儿之前的感情不同，这段爱情里被掺杂了太多的不纯粹。艾里布对香奈儿的感情不是单纯的爱慕或者迷恋，也不是平淡的喜欢或者依赖，总之对于香奈儿而言，艾里布是一个极其复杂而难以琢磨的人。

不过，能够俘获香奈儿芳心的人，向来都不简单。

艾里布与香奈儿年龄相同，但他早已成名多年，是一个名副其实的才华横溢的艺术家和设计师。

艾里布出生于法国南部，父亲是一名记者，在度过了愉快的童年时光之后，他便到父亲的报社当学徒，学习排版。

不久之后，不甘心当学徒的艾里布去了一家美术学院攻读建筑学。而这是他人生中一次重要的转折，他由此喜欢上了绘画，并在17岁时将自己的第一幅画成功卖给了当时的著名周刊《肥差》。

1908年，年仅25岁的艾里布在巴黎创办了自己的画报杂志《证人》，同时兼职珠宝、家具和人物形象的设计。

20世纪初期，画家塞姆笔锋犀利，作品大多揭露社会本相，极具讽刺意味，是法国巴黎绘画界响当当的人物。而此时的艾里布亦擅长用讽刺的手法进行创作，他凭借与生俱来的绘画天赋与敏锐的观察力，成了一名可以与塞姆比肩媲美的专业漫画家。

艾里布的过人之处和卓然才华在此时就已显现，而这也是令香奈儿倾心的地方。

你若盛开，蝴蝶自来，那些闪光的品格或者耀眼的才华总会在不经意间散发光芒，吸引着有心人的目光。

服装设计师保罗·波烈十分欣赏艾里布富有个性的绘画风格，向艾里布发出连番邀请，希望他能出席自己的时装展，并根据模特和服装进行创作。

艾里布接受了邀请，在展会上充分发挥自己的观察力，挥洒才情创作出了《保罗·波烈长裙》。

之后，他又去参加电影制作，在香奈儿之前就已混迹好莱坞，并于那里度过了10年的光阴。

在美国时，艾里布被派拉蒙公司创始人之一的杰西·拉斯基欣赏，并由此认识了导演戴米尔，与好莱坞结缘。在这里，艾里布为戏剧和影片布景，接手了一系列经典剧作的布景工作，包括《安纳托尔韵事》《换夫》《摩西十诫》等，并大获成功，从而扬名好莱坞。

这是他最辉煌的时期，名与利，财富与地位，都已然成为囊中之物。

1927年，在好莱坞生活多年的艾里布突然回到了巴黎，外界对此议论纷纷，有的说他与上司不和遭到解雇，有的则说他可能只是单纯地想离开美国。

回到巴黎的艾里布想在此一展拳脚，再创辉煌，便在圣奥诺雷大街开设了新的装饰设计公司。不过，时运不济的他碰上了经济大萧条，他的新店似暴风雨中的鸟巢摇摇欲坠。

机缘巧合下，陷入绝境的艾里布结识了香奈儿，并于1932年以艺术家的身份，成了她亲密的伙伴。

在工作上，香奈儿十分信任艾里布。他的才华、他的机敏、他的善言、他的果敢都使得香奈儿对他的工作能力没有丝毫怀疑，他也因此成了香奈儿最依赖的工作助手。

1932年，香奈儿委托艾里布前去伦敦打理她在那里的珠宝业务。这次，艾里布并没有将自己的能力展现出来，最终导致伦敦的珠宝业务不了了之。

1933年，香奈儿与皮埃尔兄弟由于香水公司的股份和事宜产生了纠纷。面对两个精明又能言善辩的男人，香奈儿有点力不从心，便又一次委托艾里布全权代表她出席董事会。这一次艾里布的表现依然一般，他不熟悉公司业务，又不懂会议流程，被公司董事集体投票淘汰出董事会。香奈儿也因此在官司中处于不利地位，被皮埃尔夺走了董事长之位。

对于向来看重事业的香奈儿来说，艾里布的这一系列表现实在太不合格。按照香奈儿一贯的行事作风，她应该劈头盖脸地将艾里布大骂一顿，并无情地将他解雇。

然而，这一次香奈儿却表现出绝对的宽容和大度，不仅没有责怪他，还像恋人般地安抚道："皮埃尔兄弟实在太狡猾了……"

从这之后，香奈儿与艾里布的关系就更加亲密了，他们不再仅仅是工作搭档，在生活中亦成了美好的恋人。

艾里布心细如发，十分擅长揣摩女人心思。早在美国时，他散发出来的魅力就令无数女人包括很多好莱坞女星着迷，而他也因此有着丰富的感情经历。

不过香奈儿从不在乎过去，她只在乎眼前。虽然她早就知道艾里布的心思并不单纯，但还是甘愿沦陷在他营造的甜蜜陷阱中。

她和友人谈到艾里布时，曾说道："他是我见过的最复杂的男人。"

的确对于艾里布而言，女人是一个简单而透明的生物，他能够知道每一个女人想要的到底是什么。他满嘴甜言蜜语，说着一千句绵绵情话；他会营造突如其来的浪漫，轻轻抓住女人柔软的内心；他也懂得女人的虚荣，将她描绘成传说中的女神……

而他对于香奈儿的情感更为复杂，他喜欢从她的身上获取金钱，却又假装两人是超脱金钱的两情相悦；他一方面帮香奈儿打理事业，一方面又希望她能够陷入低谷依靠自己而活；他爱慕她，却又从心底里嫉妒她，想尽办法从任何方面与她一较高下；他既享受香奈儿带给他的富裕生活，又批评和讽刺她太过奢侈，不懂节俭……

香奈儿当然有所察觉，她明白艾里布对自己并不是单纯的感情。不过，她还是无可救药地喜欢他，喜欢他的卓然才华，喜欢他的傲娇潇洒，甚至喜欢他的尖酸刻薄、巧舌如簧……

1933年，艾里布的《证人》画报杂志出版，而这依靠的正是香奈儿的资助。是的，香奈儿并不在乎他有多复杂，只要他开心就好。

这一年，在二战到来的疑云下，艾里布的画报强势地占据了大众的视野，传达着他对自己国家无限的热爱。

在他的画作中香奈儿幻化成了女神玛丽·安娜，高冷而坚毅，代表着不畏强权、永不屈服的法兰西精神。

这之后，顶着巨大竞争压力的香奈儿与艾里布暂别尘嚣，前往在蔚蓝海岸的La Pausa别墅度假散心。

在这里，艾里布与香奈儿打开心结，互诉衷肠，度过了一段美好而愉悦的时光；也是在这里，香奈儿愈发爱上了这个复杂的男人，并一度想要与他结婚。

他为她设计建设了花园和网球场，还种下了高大的橄榄树和她最爱的花，白色山茶和茉莉，紫色的薰衣草和丁香。他们在花园里相互依偎，情话呢喃，日落而归；在海浪起伏的沙滩，他们追忆伏特加的岁月，感受地中海温柔的清风。

但是，没过多久，艾里布就返回巴黎处理相关事情去了，香奈儿一个人瞬间被寂寞萦绕。

相比于爱人，她更喜欢被爱。

1935年的某天，艾里布告诉香奈儿，他决定放下手头的工作连夜去找她，香奈儿欣喜若狂。

艾里布如约赶到。在香奈儿的聚会上，他与她的朋友们在网球场上进行了一番较量。

香奈儿跑过去为他擦拭脸上的汗珠，而这时，艾里布突然倒地，脸色苍白。

众人连忙将他送到附近的医院，但是他再没有醒来，到这时香奈儿才知道艾里布患有严重的心脏病。

与恋人阴阳相隔，香奈儿短短半生就已经历两次。曾经上天将她的挚爱带走，而现在又将她唯一的依靠剥夺。

香奈儿陷入了悲伤之中，但这次她没有歇斯底里，也没有痛苦至极，只是默默地不说话，将一切事务交给下属打理。

那年夏天，香奈儿在蓝色海岸静静地度过。她喜欢伸出手，透过指缝看那斑驳的阳光，它似乎很近却又很远，就像香奈儿的爱情。

艾里布是复杂还是简单，是纯粹还是神秘，这一切都不再重要。自此，在香奈儿的生命中他已然是一位故人，一个深埋的名字，一块冰冷的石碑。

或许，遗忘是治疗情伤最好的良药。

香奈儿虽然有丰富的情史，但她对待每一段感情都是百分之百地投入和认真。她视工作为生命，而把爱情当作生命中不可或缺的点缀。她追求简单，追求纯粹，同样在爱情中，不管对方如何，她始终存有一颗最原始的、最真挚的本心。

第七章

无所畏惧的前行者

好莱坞的一场百万美元的"豪赌"

1929年10月24日，是美国的"黑色星期四"，随之而来的20世纪30年代更是一个经济大萧条的年代。

在那一天，华尔街股市崩盘，经济大萧条很快席卷了几乎整个资本主义世界。多少百万富翁顷刻间一无所有，多少公司倒闭裁员，又有多少普通人成了无业游民。而这样的景象通过巴黎街头的小小一角就能完完全全地反映出来：在巴黎的某个街区，一家精品店受到严重影响，客人订单纷纷取消……

毫无意外，奢侈品行业首先受到冲击。而香奈儿作为奢侈品行业的佼佼者自然不能幸免，香奈儿不得不直面残酷的现实——客户订单陆续取消，各店营业额持续下降。

最开始，香奈儿异常镇定，并根据实际情况制定了一系列补救措施。在服装方面，她舍弃了以往比较昂贵的面料，选择了经济适用的面料来制作新设计的波浪晚裙。

新服装的价格较以往同类型下降了一半，同时在样式上也获得了贵妇小姐的青睐。但是，尽管如此，成效还是微乎其微。

很长一段时间，香奈儿整个公司的运营全靠"香奈儿5号"的销售利润苦苦支撑。未来将如何，公司能否顺利渡过难关，在当时仍旧是一个未知数。

而此时，影视行业的发展相较于奢侈品行业要好得多。

这个经济不景气的年代，却是电影天才层出不穷的年代，更是好莱坞电影发展的黄金时代。虽然，经济危机也对电影行业造成了一定的影响，但相比于其他行业根本算不上什么。

于是，一些电影大咖将目光投向了香奈儿，他们认为香奈儿能给他们带来好的收益。首先想到香奈儿的是好莱坞著名电影公司联美合伙人之一的戈德温。

1931年1月，《纽约时报》刊登了一则重磅消息："有史以来最伟大的时尚设计师——可可·香奈儿小姐将受邀亲临好莱坞，首次为电影明星设计表演服装……相信香奈儿小姐一定会以她独特的设计理念，创造出一种不同以往的好莱坞时尚品位，从而为美国女性的服装风格开辟新的领域……"

新闻一出，大洋两岸议论纷纷，时尚人士翘首以盼，各路媒体也蓄势待发，都想一睹香奈儿的风采。

1931年3月，香奈儿同好友米希亚登上了前往美国的轮船。香奈儿的如约而至不仅印证了《纽约时报》的报道，也让早就等候在皮埃尔酒店大堂的媒体记者惊喜万分，瞬间沸腾起来。

也许，是命运的有意安排，在抵达纽约的当天，香奈儿竟意外地患上了重感冒，一连几天无法出门。

但是那些媒体的热情并未因此而消减半分，甚至愈发强烈，大有见不到香奈儿就不肯罢休的架势，这不禁让人感叹香奈儿的魅力，竟一度超过了那些当红的好莱坞明星。

香奈儿感冒稍有好转，便接受了记者们的采访。当天，在酒店的豪华套房里香奈儿身穿红色休闲运动套装，巧妙地搭配了珍珠项链。这样普通的衣服却让香奈儿穿出了女王的气势，尽显时尚与优雅。

在时尚界摸爬滚打了这么长时间，香奈儿对这样的场面早就司空见惯，不管记者们抛出多么犀利的问题，香奈儿都能从容应对，熟练地绕过语言陷阱，回答得滴水不漏。

在很多问题上，香奈儿也表现出绝对的真诚。她直言不讳，她喜欢人造珠宝，也喜欢像今天这样用它来搭配便装而非礼服，她喜欢短发，喜欢香水营造的神秘感……

但当被问及与好莱坞电影的合作时，香奈儿并不愿意透露太多，只说："这只是一个邀请，我将为戈德温先生的女演员设计服装，但一切还没有最终的定论……"

实际上，香奈儿与塞缪尔·戈德温在很久之前就有过交集，不过当时无缘合作。

三年前，香奈儿在蒙特卡洛度假时，戈德温通过狄米崔大公的引见认识了香奈儿。戈德温当时的目的和如今如出一辙，邀请香奈儿设计戏服，希望通过香奈儿的知名度更进一步带动电影票房。但是尽管戈德温三年时间内多次奔赴巴黎，承诺重金，香奈儿却始终没有与他签约。

而1931年，香奈儿却意外答应了他，仔细想来也在情理之中。

原因之一，香奈儿在此之前曾设计过戏服，但是她并未涉足过电影行业，并未接触过美国的服装设计，不知道美国的审美与法国有什么样的不同，所以，有顾虑是正常的；而现在，情势所迫，也就抛开顾虑了。

原因之二，香奈儿的生意受到重创，她清楚地意识到，仅凭自己无法扭转乾坤，而并未受到太大影响的电影行业无疑是她自救的最好选择。

原因之三，当时巴黎时尚界代有人才出，香奈儿虽然处处树敌，但在事业上很少将同行当作对手。但这一次，出现了一个厉害角色——艾尔莎·夏帕瑞丽，短短几年时间她就在巴黎时尚界声名鹊起，还曾公开叫嚣和香奈儿斗。这一点，让香奈儿无法忍受，所以她希望能通过好莱坞之行使自己的事业更上一层楼。

从这些方面来看，香奈儿与戈德温合作，利大于弊。

而戈德温也表现出异常积极的态度，他认为即使在处于经济萧条的旋涡中心，即使处于这个"只有努力生存才不至于死去"的时代，还是会有人走进电影院，为娱乐、为时尚、为情感买单。

因为，处在真实残酷世界的人们需要一个安定的世外桃源来慰藉自我，寄托希望，安放关于爱情、关于美好、关于传奇的梦想，而戈德温表示自己的电影恰恰就能营造这样一种氛围。

然而，不管当事双方怎样看待这次合作，媒体却表现出自己的担忧。一位记者写道："显然，这是一场百万美金的豪赌，前路未知，挑战随行。香奈儿能否被好莱坞征服，好莱坞又能否拜倒在香奈儿石榴裙下，一切还都是谜，我们唯有拭目以待……"

实际上，香奈儿对戈德温的能力还是十分信服的。从最初的皮埃尔酒店蜂拥而至的记者，香奈儿就知道这肯定是戈德温在背后操控的结果，他的公关能力毋庸置疑。作为电影行业的引领者之一，除了一些小缺点外，戈德温能力出众，有自己独到的见解，这些都让香奈儿十分欣赏。

身体痊愈之后，从纽约到达洛杉矶的香奈儿很快就进入了工作状态。

除了迎接香奈儿的恢宏架势和气派的晚宴之外，戈德温还安排了近百名女工服务这位初来乍到的时尚大师，这一点让香奈儿非常受用。

当时戈德温所在的电影公司，正在拍摄一部名叫《春风得意》的影片。而戈德温则希望能与香奈儿就这一部电影展开合作。

导演们先带着香奈儿参观工作室，为她讲解电影制作过程，以及镜头与服装的配合等。在与提供服装的工厂沟通之后，可可·香奈儿更加意识到为电影演员设计戏服不是一件容易的事情，因为除了要符合人物特点和场景外，她还要保证衣服在两年后电影上映时依旧流行。

　　不过，由于另有紧急事务，香奈儿在美国只为影片中的健身教练设计了几套衣服，便匆匆返回巴黎了。

　　当然，这只是一个开始，香奈儿与好莱坞的不解之缘渐渐拉开了帷幕。

　　芭芭拉·威克斯是第一个将香奈儿设计的戏服穿上大荧幕的明星。在《全盛时期》这部电影中，香奈儿为她的角色设计了一个系列的服装。简洁流畅的服装完全衬托出了芭芭拉的青春活力，使她与剧中的形象更加贴合。

　　影片《希腊人有一种说法》中三位女主演玛奇·伊万斯、艾娜·克莱尔、琼·布朗德尔的服饰均出自香奈儿之手，几十套服装各有特点，各有风情，向人们展示了香奈儿绝佳的设计天赋和独到老练的手法。

　　除此之外，香奈儿还为《今夜不再来》和音乐喜剧《全盛时期》中的女主角扮演者葛洛丽亚·斯旺森设计了一系列服装。

　　然而，接连几部电影票房持续低迷，让香奈儿的自信心备受打击。

　　不过这并不妨碍香奈儿的衣服受到普通大众的欢迎。香奈儿一贯秉承简洁自由的设计理念，所设计的衣服大都简单朴素，只要改变昂贵的面料便可轻易复制，于是在美国的大街小巷，仿制品层出不穷。

　　此时，那些好莱坞女明星开始抵制香奈儿的衣服，她们不想跟成千上万的人穿一样的衣服。美国《纽约客》对此事还有过专门的报道：好莱坞说香奈儿设计的衣服不够轰动，她的衣服让一个女人看起来是一个女人，但好莱坞却想让一个女人看起来像两个女人……

　　之后，香奈儿结束了好莱坞之行，并终结了一年一度的"百万契约"。

　　这其中的具体原因，香奈儿在很久之后给出了答案：时尚在美国，但时尚的精神却不在，制作方希望香奈儿设计出的衣服是华美的衬托，是绝佳的点缀，而非对精神的唤醒，对时尚的创造……

　　这让香奈儿无法忍受……于是，她傲然离开了。

不过，香奈儿的好莱坞之行还是收获颇丰：戈德温如约支付了百万美金使得香奈儿的公司得以渡过难关，之后两人亦成了亲密的朋友；香奈儿会见了《时尚芭莎》的主编梅尔·斯诺以及《VOGUE》杂志的主编玛格丽特·凯斯；这期间，香奈儿还观察了美国的百货大楼，学习了不少营销经验……

如此，这场好莱坞的"百万豪赌"算是圆满结束，香奈儿还是香奈儿，她不会被光芒万丈的地方吞噬自己的本心，也不会毫无价值地白走一遭。

每一段旅途都有它独特的意义，每一次前行都是一场与未知的邂逅，每一次整装待发都是为了遇见更好的自己。

能够出现在大街小巷上的才是成功的时尚品

1931年，香奈儿从好莱坞返回巴黎的途中，在纽约逗留了一段时间。

也许是天生的商人头脑在"作祟"，也许是见惯了灯红酒绿，纽约吸引香奈儿的不是大都市的繁华，也不是迷人的风景，而是人们的服装风格。

香奈儿的足迹常常出现在各大精品服饰店或者折扣商场内。对于香奈儿来讲，只要是卖衣服的地方都值得一去。

在纽约著名的大商场克莱因百货内，香奈儿发现，在这里客人们可以自主选购，没有导购员，从专业角度来看，服务一般，但生意十分火爆。

除却购物环境的舒适与自由外，更大程度上是因为在精品店20美元的服装，在这里仅需4美元。

服装在外观和款式上没有任何区别，只不过面料有所不同——克莱因商场卖的是仿制品。

当然，这其中不乏香奈儿在好莱坞电影中设计的款式，但她并不生气，甚至宣称"仿制品是一种自发的宣传"。

在香奈儿看来，仿制品的出现不是对原商品的亵渎，反而肯定了它们的绝对权威和市场前景。

香奈儿这样的言论并不只是嘴上说说，以表现自己的"宽宏大量"。在后来的一次服装展会上，香奈儿当众表示她不出售本次展品，但允许复制，而贵妇们纷纷带着自己的个人裁缝前去参展，场面十分壮观。

一直以来，在人们的印象中，香奈儿品牌是奢侈的象征，是高贵的代名词，普通民众根本无法承受，只有名流富人才能消费得起。

但是，对美丽和自由的渴望与追求是不分阶层的，普通大众也有追求时尚的权利，他们更多地青睐于衣服的款式和外观，对面料没有太高的要求。

于是仿制品应运而生。

虽然，真正的香奈儿并非每个人都能拥有，但仿制品的出现却圆了很多生活不富裕的女人的爱美之梦。

实际上，仿制品也并非在当时才出现，其历史可以追溯到18世纪。当时法国国王路易十六的王后玛丽·安托瓦内特拥有自己的专属裁缝，因而在不同场合她都展现出别具一格而又华丽的服饰。这令凡尔赛的一些名妓们十分羡慕。于是她们用钱财偷偷贿赂王后的裁缝，以得到的服装图纸为样板找别的裁缝进行制作。

之后法国大革命爆发，路易十六的政权被推翻，但留下的盗版、山寨、仿制的问题却始终没有得到解决。

到了20世纪30年代，仿制愈发盛行，并且经过不断的发展更具巧妙性和艺术性。不只是香奈儿，很多设计师的作品都不可避免地被复制。

几乎所有的设计师对仿制品都报以极其厌恶的态度，他们对这种行为嗤之以鼻，并不遗余力地采取一系列防范措施。

为了防止创意被盗窃，在时装展上，不允许携带相机，甚至在每一场服装秀之前，连记者的笔记本也会被收走；店铺里张挂着"仿冒即偷窃"的警告标语；衣服的标签上被设计师本人亲自涂上紫外线涂料。

但是，这样的方法并不能阻止那些刻意仿制的人，他们会想出更多的方法来仿制。

对于这种情况，很多设计师头疼不已。为了更加有效地减少这种现象的发生，著名设计师吕西安·勒隆发起并联合其他设计师成立了巴黎时装行业协会。

根据协会规定，参加时装周的嘉宾必须经过严密的筛选，并一再强调只对业内人士开放。

在香奈儿看来，这样的规定毫无用处，而且任何试图保护设计理念的举措都是没有意义的，因为一切的防范都有可以化解的方法。商人们唯利是图，无孔不入。

此外，香奈儿秉承着她一直以来对待仿制品的态度："不能出现在大街小巷的时尚品是失败的。"

在她复出之后，香奈儿也曾发现一个小商贩在路边偷偷地卖她的仿制品，在那个用纸板和木板搭起来的临时摊位上，摆满了香奈儿设计的服装，每件只要50法郎，却十分抢手。也正是这样的情景让香奈儿不禁回忆起她当初的辉煌时刻，那时，也有无数的小贩在卖她的衣裳，她意识到属于香奈儿的时代又一次开始了。

香奈儿就是这样，她有绝对的实力东山再起，也有绝对的魄力去放纵仿制品的盛行。作品如人，设计似魂，她和它都是以才情和魅力塑造的独特的个体，无法复制，更不可超越。

早在20年代30年代，香奈儿就已经被这样的仿制品销售深深地触动，她决定不再遵循时装行业协会的规定，也没有禁止相机，没收笔记本，挂上警告牌。她将自己的展览完全开放，允许各个阶层的人前往观看，也允许记者拍照。特立独行和充满自信的香奈儿，甚至告诉媒体说："在我的时装展上，你可以把我所有的创意偷走。时装不是为了保存，封闭起来的时装很快就会被淘汰。"

香奈儿这种不跟随大众的行为惹怒了协会的主席雷蒙·巴赫。他声称协会的规定，是为了让所有的媒体都有同等的机会，同时更是为了确保付费的商家在将时装搬进商场之前，不会有盗版的服装出现。

香奈儿并不认同他的说辞，并据理力争。

一方面，香奈儿努力地说服协会主席，另一方面香奈儿依旧坚持自己的风格，大方地展示自己的产品，甚至还会在自己生产之前，将设计样品刊登在杂志上，让人们了解当下的时尚潮流。

雷蒙·巴赫不为所动，理念不同的人即使面对面也无法沟通。

争论无果，香奈儿选择退出。她向时装行业协会递交了退会申请，而事实证明，她的决断是正确的。

自从开放时装展之后，越来越多的人出现在秀场上。这些人不再只是上流名人，也不再只是行内人士，就连普通的女工也有机会目睹香奈儿服饰的风采。很多的媒体记者也都更加积极和及时地报道香奈儿的时装展情况。各大时尚杂志与报纸对香奈儿的服装款式、设计细节都做了详细的报道。

随后，纪梵希等也紧跟香奈儿的步伐，允许媒体记者进行专业的摄影和跟踪报道。

最终迫于形势，行业协会不得不悄悄废除这样的规定。

这之后，香奈儿的事业上升到了新的高度。

在香奈儿心里对仿制品有着不一样的情感，正是那些地摊上的仿制品让人们都知道了香奈儿的存在。它让香奈儿的名字不单单只存在于时尚圈和上流社会，也不再是高高在上的和遥不可及的。它使得"可可·香奈儿"成为全世界家喻户晓的名字，让每一个普通人都得以无限地接近和触摸。

多年之后，从跑车上走下来的香奈儿，看到路边卖仿制品的小贩，她的眼角眉间依旧是盈盈的笑意。

她知道，仿制品是香奈儿品牌普及化的助力器，而现在，香奈儿的美名无须依靠仿制品和复制品也能够称霸世界。

和时尚界新秀的时装对决

香奈儿一生骄傲，尤其在事业上有着女王般的自信，她从来不认为同行能对她构成威胁。这是一个女人对自己能力绝对的认可，亦是多年的摸索和付出所累积的旁人不可及的自信。你可以说她自负，但是她绝对担得起。

当一个强大的女人，遇到一个同样强大的女人时，事情该向着怎样的方向发展呢？

只知道香奈儿在与好莱坞合作期间，曾匆忙赶回法国，而这其中最重要的原因就是竞争对手——艾尔莎·夏帕瑞丽。

彼时，一场时装界的大战正在悄悄酝酿，主角之一的香奈儿不得不迎战。艾尔莎以一种非常傲慢的态度向香奈儿公然挑衅，而香奈儿也没有给予她多少尊重，她从来不直呼艾尔莎的名字，提到时总会以"那个意大利女人""那个会缝衣服的画家"来代替。

或许，这是对对手的不屑，又或者这是另一种意义上的"惺惺相惜"，一种依靠争斗来维持的关系。

艾尔莎·夏帕瑞丽出生于意大利罗马一个贵族家庭，从小接触绘画与艺术，个性洒脱，才华出众。从这一点来看她是幸运的，至少比香奈儿幸运的多。

但是，故事未到最后，所有的结论都只是无端的猜测。

1917年，艾尔莎在一次英国伦敦的宗教会议上邂逅了一位伯爵，18岁的她迅速坠入了爱河，她义无反顾地嫁给了自己的心上人，并在婚后不久追随他移居美国。然而，婚姻生活并不如想象中的那般美好，丈夫丑恶无情的本性逐渐暴露，在艾尔莎生下第二个女儿后，便带着所有的钱财消失了。

艾尔莎带着女儿来到了巴黎，日子虽艰难，倒也过得去。不料，艾尔莎的小女儿不幸患病，需要住院治疗，这给本就捉襟见肘的生活蒙上了一层阴影。艾尔莎不得不为医药费四处奔波，白天为古董商工作，晚上去巴黎的时尚餐厅打工。

就是在这个餐厅里艾尔莎迎来了人生的转折点。

1927年，艾尔莎开始涉足时装界，而此前她也只是帮几个在餐厅结识的朋友设计衣服。在服装设计上，艾尔莎有自己独特的认识和风格，她擅长不同颜色的结合和碰撞。她将一件针织衫设计成黑白两种颜色，并在胸前加上儿童涂鸦式的蝴蝶图案，激烈的色彩碰撞中还带有些许童真和随意。

巴黎版《VOGUE》杂志评价这件针织衫为"年度毛线衫"，艾尔莎因此在时尚界初露头角。

1927年，有了足够经济基础的艾尔莎开设了第一家服装设计店，有了名气之后，她开始考虑扩大店面。1929年，她开了运动服装店。而到了1930

年，当初只身一人、穷困潦倒的艾尔莎已经可以在丽兹酒店门前向香奈儿叫阵了。

当时，艾尔莎将自己的一家精品店开设在了芳登广场，正对丽兹酒店的正门，而酒店后门对着的正是香奈儿的服装店。在一次记者采访中，她甚至公开嘲讽香奈儿："香奈儿可怜极了，我走的是正门，而她只能走后门。"

实际上，最开始香奈儿并没有把这个比自己年轻12岁的设计师放在心上，她不在乎店铺开在正门还是后门。在她看来，一段时间之后，艾尔莎就会像之前的几个对手一般逐渐消停下来。

不过，随着一系列事情的发生，香奈儿的想法大有转变。她发现这个女人实在太像当初的自己了，那种不惧怕、不退缩的精神和胆量，那种对设计的执着和顿悟，简直如出一辙。

艾尔莎亦是一个灵动的女子，聪明且有想法。她知道香奈儿在极简的风格上的创造已经达到极致，而她想要走出自己的路，就要与众不同，甚至反其道而行之。

香奈儿主张解放女性身体，主张简约、典雅。而艾尔莎则认为新奇才是时尚的灵魂，而可以展现新奇的只能是强烈的色彩。因此，她喜欢在衣服上运用各种艳丽的颜色，猩红、梦幻紫、罂粟红……尤其钟爱使用粉红色。

所幸，她在颜色的使用上独具创造力和创新力，即使在衣服上运用各种颜色，也不会显得过于花哨和夸张。她将拉链染成和衣服相同的颜色，将紫色、红色、黑色大胆搭配，成功吸引了女人们的眼球。

这种大胆、前卫、疯狂地用色，令很多人听了之后便觉得这样的衣服太过恶俗和惊悚，但是，最终出来的效果却大相径庭。对此，艾尔莎说道："好的设计总是在坏的品位边缘走钢丝。"

香奈儿精美典雅，艾尔莎则个性鲜明、风格独特，她设计的衣服极富生命力，带有一种原始的美感。

前者塑造自由，后者颠覆优雅。

除了颜色上的创造力，艾尔莎还展现出了在设计方面的独特想法。她会把巴尔干人服装上的大贴袋用在夹克衫上，会将东方的原始味印花布用来设计衣服，会将西服的翻领形状设计成少见的茶匙形和三角形，会将香水的瓶子设计成类似人体构造的形状，会用一个可以发出闪烁磷光的装饰物装饰女包，会将帽子设计成鞋子的形状，会将平日里佩戴的围巾设计成蜻蜓的形状……

艾尔莎凭借着自己的独特审美和风格，成功吸引了一批追随者，而她们恰恰也是时装的主流消费群体。

1935年，与香奈儿保持着长期合作关系的《VOGUE》杂志开始关注和大量报道艾尔莎。这激起了香奈儿的不满，也增添了她的不安，让她真真切切感受到了威胁近在咫尺。

香奈儿给《VOGUE》杂志的老朋友康泰·纳仕通了越洋电话，但是谈话过程并不愉快，康泰·纳仕甚至下令他旗下的杂志将不再刊登香奈儿的照片。

面对愈发不利的局势，香奈儿对于即将到来的时装周做了充分准备，她设计了一系列以贴身花呢外套和开领白衬衫为代表的套装。艾尔莎则延续她以往的风格，设计出一件裙身印有小龙虾，上部用绿色点缀的晚装。

单从衣服来看，两者不分上下。但是，艾尔莎的衣服由威尔士亲王的女友演绎，因此而备受关注，之后她还拿到了各大媒体杂志的专刊，可谓占尽了风头。

媒体对于艾尔莎的偏爱不单单是因为服装的关注度，很大程度上与香奈儿和艾尔莎的性格态度有关。

香奈儿的时装展非常庄重，但不免沉闷。在现场，名人和客户占据了好的位置，而大量的记者却只能挤在装有大镜子的楼梯下面。香奈儿本人一如她的服装，低调异常。她坐在镜梯的最顶端，将一切尽收眼底，却很少露面，这让一心想要拍摄的记者们非常苦恼。

艾尔莎则表现出了绝对的热情和高调，她将展厅装上璀璨多变的吊灯，放着劲爆的音乐，在本就五颜六色的衣服上再加上各式各样的珠宝装饰，而她也非常乐意面对镜头微笑。

这样一对比，媒体的选择也就无可厚非了。

20世纪30年代后期，艾尔莎开始关注肩部的设计。她将肩垫加宽，并将臀部收缩，突出女性肩部的"平"和身体的"挺"。这一设计又一次赢得了时尚杂志的好评，而这种款式的衣服也成了新的时尚潮流。

在用料上，艾尔莎和香奈儿同样严谨，但是风格不同。艾尔莎喜欢将抽象派画家的图案印在布料上。她喜欢非洲的图腾、恐怖的骷髅图案和超现实主义的画。

外界给出的评价是：艾尔莎的衣服更像一件艺术品。

而这一时期的香奈儿开始关注脖子上的设计，如领口的浮花锦缎、飘逸的丝带。随后香奈儿对拖地礼服的大胆改造又掀起了一阵"脚踝礼服"旋风。

1937年，与艾尔莎无形的战斗中一向保持低调的香奈儿竟选择了主动出击。在巴黎举办的世博会上，香奈儿在朋友的陪同下身着一件柔软异常的裙子亮相。面对记者的追问，香奈儿微笑地回答了他们的问题，并做出详细的解释：轻柔将是她的新主线。

这次，香奈儿以她优雅的姿态和亮丽的服饰再次获得了媒体的关注，并因积极配合的态度获得了广泛好评，赢得了媒体记者的好感，还意外受到法国著名导演让·雷诺阿的邀请，为他的新电影设计戏服。

1936至1937年，是香奈儿与艾尔莎竞争白热化的阶段。艾尔莎成功占据了时尚的最前沿，她的作品屡次登上时尚杂志，她设计的服装一度引领当时的潮流。艾尔莎还愈发猖狂，她在公众面前毫无忌惮地说："香奈儿可以回老家了。"

香奈儿不会像她那般直言不讳，但她更不会忍气吞声。当记者问到如何看待潮流时，香奈儿一语双关地说道："我不喜欢人们提到香奈儿时只会想到潮流，香奈儿首先是一种风格。潮流稍纵即逝，而风格永垂不朽。"

艾尔莎与香奈儿的这场斗争没有彻底完结，谁也没有获得绝对的胜利，两人不过在同一个舞台上演绎着自己的风格，没有对错，也没有输赢。

她们都是特立独行的女子，也都是自己的女王，在同一个时代里书写着属于自己的辉煌。

第二次世界大战爆发，法国沦陷，艾尔莎移居到了美国。二战后，艾尔莎才重回巴黎，而此时早已时过境迁，艾尔莎的辉煌也成了过去，她的影响力早已随着战争的硝烟逐渐散去。

有人说，香奈儿在斗争中始终处于劣势，但她耐得住时间的考验，因而笑到了最后。

真实的情况不得而知，个中滋味只有香奈儿才能体会得到，但是这个坚强的女人，在送别对手之后，并没有多大的欢喜，却表现出淡淡的担忧。

或许，对于未来，香奈儿有了新的思索……

再一次与战争"邂逅"

战争带来了死亡和毁灭，留下了痛苦和离别。

不管是哪个地区，哪个国家，哪个种族，人们对战争的厌恶和憎恨是绝对一致的。呼啸的子弹、冲天的火光、弥漫的硝烟、倒塌的房屋、沾满鲜血的尸体，这样的场景像噩梦一般在人们的脑海中迟迟不肯消散。

而香奈儿似乎与战争有着别样的牵连，一战的身影渐远之时，她又迎来了二战。

一战前，香奈儿因独特而简洁的服装和个性声名远播；同样二战前的香奈儿在经历了一段沉默黑暗的岁月之后，亦开创了一段"香奈儿盛世"。

1936年法国工人们掀起了大规模的罢工运动，而这一年，香奈儿已经50岁了，已经走过了人生的半数时光，处理这样的问题她似乎有些力不从心了。

工人依照美国的"静坐"模式，占领办公场所和销售场所，将管理人员拒之门外。罢工运动从最初的飞机制造行业逐渐蔓延至香奈儿所在的纺织领域。

彼时，香奈儿正为即将到来的秋季时装展的服装样式一筹莫展，而她的工人们却在此刻占领了她的公司。

香奈儿在震怒之余，更多的是不解和烦躁。她为女工们的做法感到惊讶，为自己的窘迫处境感到心烦。6月6日，香奈儿从丽兹酒店前往康鹏街，远远地，她就看见门口的牌子上写着"禁止入内"的字样。店铺前都是自己的工人，她们还向摄影师和记者招手。

此后几天，有工人代表到酒店要求见香奈儿，香奈儿的律师和他们进行了交谈，并将工人们的想法告诉了香奈儿：他们要涨薪资，要在年底能够带薪休假。

最开始，香奈儿态度坚决，她认为这些要求简直无理至极，她坚信自己的管理和薪酬没有问题，当即拒绝了这一要求。

但是事态并不会因此而停息，反而愈演愈烈。不得已，在政府的主持下，双方达成了协议，签订了《马提翁协议》。

1937年，大罢工已然过去，但香奈儿公司的形势仍旧没有好转。在当年的秋季时装展上，香奈儿推出了金丝装饰的晚礼服和褶皱夹克，却被当时艾尔莎打造的性感之风所压制。当时，有杂志还评论道：性吸引是巴黎时装展的首要动机。

对此香奈儿十分不满，并在不同场合给予了反驳。

不过，时装事业上的不顺利并未影响到香奈儿5号的销售量。

1937年，巴黎丽兹酒店内，古老的乌木漆面屏风旁，摄影师弗兰克斯·卡勒为香奈儿拍摄了一组平面广告。她穿着黑色的长礼服，轻轻倚靠着屏风，眼光飘向远方，优雅而高贵。

这次的服装与画面都与香奈儿一直以来的"简约风格"不同，它更侧重华丽与尊贵，与笼罩二战疑云的现实世界形成了鲜明对比。

这组照片后来被刊登在了著名的杂志《时尚芭莎》上，而香奈儿5号也由此进一步打开了知名度。

1939年，二战已箭在弦上，香奈儿的事业却迎来了转机。

巴黎的春季时装展览似乎并未受到局势的影响，在人们的等待和期望中如期进行。或许在这个充满动乱的年代，一场视觉盛宴亦是心灵上的慰藉和短暂解脱。

处于战争阴影下的时装秀展现的该是什么样的风格呢，忧郁、冷静、庄重又或者简约？不，恰恰相反，性感、华丽、浪漫成了主调，设计师们也都不遗余力地塑造着人们心中的乌托邦，呼应着"逃避主义"的主题。

所谓"逃避主义"，即用华美性感、浪漫艳丽的风格来逃避现实的动荡和残酷。时局的不稳定让人们愈发怀念曾经的奢华和富贵，于是，怀旧之风应运而生。

香奈儿一向主张简约和自由，喜欢使用黑白灰的基本色调，在一战时期，香奈儿正是依靠这样的服装得以迅速发展。这一时期，香奈儿的日装依旧保持惯有的风格，但在晚装上有很大的改变。

在春季发布会上，香奈儿别出心裁地推出了以蓝白红为主的横条晚装，在配色上似乎偏向于乡村风格。香奈儿声称灵感来源于法国国旗。

香奈儿总能把握住每个时期人们的精神命脉和需求命脉。

她的作品在外观上呼应主题，但是在内涵上又超越主题。大战在即，她剑走偏锋，唤起了法国人民心中的爱国情愫。

至此，二战前的香奈儿再次"盛名一时"。

香奈儿是不幸的，她接连遭遇了两次世界性的大战，而这不幸却与香奈儿特立独行的个性产生了化学反应，转而成为香奈儿缔造"盛名"的难得机遇。

为了活着，什么都可以放弃

人们贪恋世间的花花绿绿，渴望享受奢华耀眼的生活，也会为了彰显自己的高品位不惜挥金如土，然而，在生存面前，在生命面前，一切都是渺小的，一切都不值一提。

当然，对于香奈儿而言亦是如此：活着，比什么都重要。因为只有活着，一切才皆有可能。

1939年9月，波兰沦陷，法国和英国对德国宣战，第二次世界大战正式爆发。仅仅几个月后，丹麦和挪威沦陷，希特勒的军队势如破竹，大有不可阻挡之势。

1940年5月，荷兰、卢森堡、比利时相继沦陷，与此同时，法国受到了德军大规模的袭击。

德军的炮弹声打破了战前短暂的安宁，也打破了巴黎人民的期待和幻想。一如一战，男人们都被送去前线打仗，老人和孩子们都被送往乡下，人们逃的逃，躲的躲。曾经繁华的大都市一时间只剩下凄凉和落寞，唯有满地的梧桐树叶在轻轻诉说着什么。

此时的香奈儿也不再想着以战争为机遇，发展自己的时尚事业。经历过岁月的沉淀，经历过亲人朋友的故去，香奈儿对生命有了新的感悟。一个人可以创造莫大的辉煌，也可以赚得无尽的财富，但这一切都是建立在生存之上。

于是，在大战爆发后极短的时间内，香奈儿便解雇了所有的工人，毫无预兆地关闭了自己的时装公司，仅留下了康鹏街31号的店铺继续经营钻石和香水的生意。

不过，在外界看来，香奈儿这一举动似乎隐含着特别的动机。

在受到战争影响之前，香奈儿的事业也并非一帆风顺，除却与对手之间的较量，公司内部也爆发了不小的危机，甚至使香奈儿一度处于愤怒和焦虑之中。

这正是1936年香奈儿所遭遇的员工罢工的公司内部危机。那时，她还面临着与艾尔莎的斗争，事业遇到了瓶颈期，员工还不停地给她制造事端。

经历过辉煌的她，仍要面临这样尴尬而棘手的情况，这令她十分愤怒和烦躁。

不过，最后香奈儿为了自己的事业在罢工问题上做出了让步，签订了在她看来不合理的条约。

实际上，虽然香奈儿最终做出了让步，但她对此事一直耿耿于怀，一直到很久以后，她依然无法原谅那些罢工的女工。

于是，人们一度猜测香奈儿此时关闭公司的原因是为了报复自己的员工。为此，巴黎工会在员工们的申诉下，还曾找到香奈儿劝说她重新开张，但香奈儿仍旧不为所动。

面对这样的谣言和猜忌，香奈儿并未做出辩解，只是淡然地说道："现在不适合讨论时尚。"直到一次与朋友的谈话，香奈儿才说道，能够让她辞退员工关门闭店的唯一理由只有战争。一方面，她们每一个人，都有亲人在战场上，内心的担心和焦虑使得她们无心工作；另一方面，战争对脆弱生命构成了巨大的威胁，她没有理由使自己的员工冒险。

香奈儿关闭了公司之后，一直幽居于丽兹酒店的豪华套间内。人们太擅长逃避，即使处处战火，也依然能够找到一处属于自己的净地。在丽兹酒店内，很多富人依旧聚集在一起谈笑风生，战战兢兢地享受着最后的安宁。而香奈儿更多的是担心外甥安德烈的安危，在她心里，早已视他为自己的孩子。

1940年6月初，希特勒军队逼近巴黎，兵临城下，政府再次下达了撤退通知。最后的乐土已然摇摇欲坠，人们从长梦中惊醒，纷纷逃离家园。法国政府的官员焚烧完机密文件，也乘坐着豪华轿车逃离巴黎。

混乱中，幸运的香奈儿雇到了一名司机，但司机拒绝驾驶她的劳斯莱斯。无奈，香奈儿只得乘坐司机的汽车，连夜赶往比利牛斯山区。在那里，有她曾经为安德烈置下的一座城堡，现在她需要到那里躲避战乱。

香奈儿在比利牛斯山区安定下来，偶然间，她遇到了一位旧相识玛丽。虽然此前，两人的交情并不深，但是在这样的环境下，在异地他乡相遇，两人倍感亲切。

6月17日，法国投降。

听到消息的香奈儿悲伤不已，她渴望和平，讨厌战争，但她不想以这样屈辱的方式换取和平。这一做法如何对得起那些浴血奋战的战士们，如何对得起国家的子民，将自己的国家拱手相让，是何等屈辱的事情啊！

一段时间后，香奈儿开始振作起来，既然已经停战，她就要回到巴黎。

香奈儿找到玛丽，告诉她自己的想法。两人没有任何犹豫，带着司机启程前往巴黎。

途经维希，汽车仅剩下一升油，香奈儿一行人不得不在此处停下来购买汽油。然而，战乱使汽油成了稀缺品，每一个关卡前都排满了汽车，香奈儿只好先找一家餐厅吃饭。

当时的维希作为法国南部首都，并未被占领。在吃饭时，香奈儿竟看到其他人对国家的大片领土被占领竟毫无耻辱之感，还开香槟，跳舞庆祝维希免于战乱。

"真有意思！"香奈儿丢下一句话，愤然离开。

由于酒店人满为患，香奈儿三人只好找了一间小屋子凑合了一晚。第二天，香奈儿从一位官员手里买到了汽油配额。

他们继续驱车向前，到达了穆兰小镇，香奈儿触景生情便在此停留了一晚。

夜里，香奈儿出去散步，碰见一个小男孩摔倒在地，她心生怜悯将他扶起，看到他漆黑透亮的眼眸时，香奈儿愈发想念安德烈。

是的，迫使她如此迅速赶回巴黎的重要原因之一就是安德烈。

几天之后，香奈儿一行终于到达巴黎，但眼前的场景不免让人唏嘘。

秋日里的巴黎，本该是一年中最美的样子。夕阳的余晖静静地洒满芳登广场的每一个角落，天边的云彩映衬着人们绽放的笑颜。

而此时，埃菲尔铁塔上飘扬的是万字旗，墙上贴的是纳粹的标语。放眼望去到处都是破碎的建筑物，堆积的沙袋，高声呼喊"纳粹万岁"的士兵，还有一颗颗被战火摧残的心。

香奈儿此刻却顾不上这些，她只想看到安德烈。

按照停战协议，德国在7月份开始释放俘虏，而安德烈的名字却并不在释放的名单之列。香奈儿既愤怒生气又无可奈何。

几经周折，香奈儿打听到释放的仅仅只是一小部分，而在前线打仗的士兵则要根据出身背景、"战力"等因素决定他们的命运：有的被杀害，有的被送去做苦工，有的则被家人赎回……

而安德烈的档案上赫然写着：可可·香奈儿的外甥，西敏公爵（本德尔）教女的父亲。这样的称号在以往是多么的尊贵和耀眼，但是在战争的阴霾下，无异于定时炸弹。

无论如何，香奈儿都不会就此罢休，为了安德烈，她什么都可以放弃。

走在政治边缘的时尚女王

爱情究竟是蜜糖还是匕首，这个问题似乎没有人能够回答得清楚。

香奈儿的一生，时尚事业是她的主线，爱情则扮演"副线"的角色。

1940年秋天，从乡下躲避回来的香奈儿再次回到了丽兹酒店。酒店的门口插着德国的军旗，显然丽兹酒店已经被纳粹占领。

很长一段时间里，香奈儿都在为安德烈奔前忙后，希望能够将他从狱中解救出来。

四处寻求无果后，香奈儿在酒店内寝食难安，彻夜难眠。某一天，在酒店认识的一位朋友告诉香奈儿，或许，有个人可以帮助她，这个人叫作汉斯·岗特·冯·丁克拉格。

丁克拉格是一位德国男爵，身材高挑，金发碧眼，容貌俊朗，身上还散发着浓浓的贵族气息。他比香奈儿小13岁，举手投足间尽显成熟男人的魅力，他的法语和英语都十分地道而流利。

当时的丁克拉格是德国驻巴黎使馆的外交官，自1928年就一直居住在巴黎。丁克拉格告诉香奈儿自己的母亲是英国人，他跟香奈儿一样崇尚和平和自由，内心深处对战争有着深深的抵触。而他本人对巴黎有着别样的情怀，他喜欢这里的时尚，喜欢这里的空气，喜欢这里的一切……

香奈儿一开始就被眼前的男人深深地吸引住了，听完这一番情真意切的表述，香奈儿心中既意外又惊喜，她当即说出了自己的目的，希望丁克拉格能够帮助自己。

丁克拉格表示自己很愿意帮助香奈儿，但是他无权释放安德烈。不过他让香奈儿不要着急，先回去等消息，他会尽力解决这件事。

随后，两人的接触逐渐多了起来。空气中弥漫的是暧昧的荷尔蒙味道，两人的关系发生了微妙的变化。

此时的香奈儿已经57岁了，但是她风韵犹存，她对爱情的追求与渴望从未停止。不过女人们对待年龄还是过分在意，为此香奈儿还将自己护照上的年龄改小了10岁。

虽然此时两人之间并未捅破那层早已透明的隔膜，但是爱情的火花已无法熄灭，只等一缕轻轻的风，便可成为燎原之势。

丁克拉格也的确遵守了对香奈儿的承诺，向香奈儿引见了他的战友兼同僚西奥多·莫姆。莫姆上尉是德军的骑兵上尉，家族世代经营纺织业，在战争中负责为军队征集物资。在法国期间他的另一个任务就是要动员整个法国纺织行业，将其吸收到德国的战时经济中。

听完香奈儿的诉求之后，莫姆上尉想出了一个稳妥的办法。他下令让巴黎某家纺织厂重新开业，并把它转到香奈儿的名下，之后向上司呈报说香奈儿是一家纺织厂的老板，然后信誓旦旦地保证香奈儿的外甥安德烈是经营这家工厂的最佳人选，经过一段时间的缜密安排，安德烈终于被遣送回法国。

这样的结果令香奈儿十分满意，在心中对丁克拉格更多了几分感激。自姐姐去世之后，她一直照顾安德烈，在她心里，安德烈是姐姐生命的延续，更是自己的孩子。

之后，他们低调地恋爱了。

在战火纷乱的年代，处于人生尴尬年龄的女人，又一次感受到了爱情的美妙滋味。

1914年，丁克拉格开始频繁出现在康鹏街。黄昏时分，香奈儿会像一个普通的柔弱的小女人一般，等待着丁克拉格的到来。她褪去了一切外在的身份和地位，也褪去了女强人的特质，更褪去了坚硬的外壳。香奈儿准备了精致的晚餐，在摇曳的烛火中，在悠扬的琴声中，他们含情脉脉地看着彼此，情到深处相拥起舞，在耳边呢喃情话。

尽管不张扬，但是丁克拉格的身份非比寻常，他们的关系还是受到了外界的质疑和热议。

对此，香奈儿保持她一贯的风格——不多解释。是的，她讨厌解释。

"当一个到了我这个年纪的女人，还有机会体会到爱情的滋味，是不会想着看人家的护照的。"香奈儿很平静地说道。

的确，香奈儿已度过了大半生，辉煌也好，传奇也罢，最终却没有一个相互爱慕的人陪伴在身边。所以，丁克拉格的出现，仿佛就是上天的恩赐，她格外珍惜。

爱情一旦被掺杂了某些东西，就会变得不再纯粹，但是深陷于此的人却很难看得清。

当时法国政府的特工组织一直在对丁克拉格进行秘密调查和监控，最终香奈儿也牵连其中。

这位侃侃而谈、挺拔俊美的男子并不像香奈儿看到的那么简单。他的真正身份其实是老谋深算的纳粹间谍，在德国军事情报局担任要职，而香奈儿对此一无所知。

也许，在某个瞬间，香奈儿对身边的男子有过那么一丁点的怀疑，但很快便被爱情的风吹散，渐渐释怀。

香奈儿与丁克拉格的相遇到底是刻意为之还是意外邂逅，人们猜测纷纷。

随着形势的不断变化，谜底似乎慢慢浮上了水面……

1942到1943年间，德军不再所向披靡，先是攻打俄国时惨败，又在以英国为核心的联盟军攻打下节节败退。与此同时，美国总统罗斯福与英国首相丘吉尔发表联合声明，要求德国无条件投降。

如此情况下，德国政府高层希望与英国议和，避免事态向更坏的方向发展。

德国政府选中的"谈和大使"正是香奈儿。从德方的角度来看，香奈儿是不二人选，她与本德尔公爵是旧识，与丘吉尔私交甚好，同时她还具有不小的知名度。

而这背后，离不开丁克拉格和莫姆上尉的提议和策划。

香奈儿答应了丁克拉格的请求，并在他的陪同下，去柏林领取了任务。有人说她被爱情冲昏了头脑，但是她只是希望战争早点结束。

于是，一项看似荒诞的计划开始实施，一项名为"女帽装"的行动秘密出炉。

按照计划，香奈儿需要前往马德里会晤在那里开会的丘吉尔，执行议和大计。

　　尽管香奈儿与丘吉尔交情颇深，两人曾在一起谈天说地，互诉衷肠，但是涉及政治层面的问题，香奈儿毫无把握能够说服他。

　　临行前，香奈儿提出为了确保行动的顺利，她需要增添一位帮手——与英国皇室联系密切的维拉。

　　此时的维拉正因间谍罪困于狱中。1929年维拉嫁给了一个意大利人，随后加入了意大利国籍，定居罗马。这期间她经常造访英国大使馆，与丘吉尔通信，因此被意大利方怀疑是英国间谍。

　　香奈儿的这一请求实际上是解除了维拉的困境，但是当维拉知道此次行动的目的时，十分不愿前往。不过迫于军方压力，她不得不答应，但她心里另有打算。

　　1943年12月，香奈儿与维拉到达了西班牙首都马德里，香奈儿约见了大使馆的熟人，让其向丘吉尔传达自己的意愿，却被告知丘吉尔因身体不适，已先行离开了。

　　"女装帽"行动还未执行就已宣告失败，香奈儿只好赶回巴黎，维拉则留在了罗马。事实上，正是维拉向英国政府揭发了香奈儿的计划，才使得这次计划流产。

　　对于朋友的背叛，香奈儿是愤怒的，但她更在意维拉的安危。她要求维拉同行的目的就是为了救她出来，而她临走时给丘吉尔写的一封信中也提到：看在往日的情分上，请求亲爱的温斯顿可以帮助维拉摆脱困境……

　　几个月后，丘吉尔解救了维拉，但他们与香奈儿的感情却出现了无法修补的裂痕。

　　1944年6月，盟军登陆诺曼底。8月，巴黎从德国的铁蹄下重获自由。

　　胜利是多数人的狂欢，也是少数人的厄运。

　　沸腾的巴黎，在夜幕的掩盖下，一些人或是仓皇而逃，或是处处躲藏，这其中有残留的德国士兵，也有与纳粹交往甚密的法国人。

但是，香奈儿异常冷静，她既不躲藏，也不逃跑，而是从容地说："我要留下来。"

9月的一个凌晨，香奈儿在丽兹酒店被法国警察以"通敌"的罪名逮捕。

审讯持续了3个小时，至于内容没有人清楚地知道，香奈儿本人也讳莫如深，从不谈起。不过很快，香奈儿就被释放了。

外界猜测，也只有丘吉尔能够将如此棘手的事情处理得快速而稳妥。然而，传言一直未被证实。

不过，香奈儿的危机应变能力倒是让人们大开眼界。1944年7月，美国大兵登陆巴黎时，香奈儿命人在康鹏街31号店铺的橱窗上贴出了一张告示：美国士兵可以免费领取香水。一时间，这些离家多年的士兵们纷纷在外面排起了长队，只为给牵挂的家人或者心爱的姑娘带回一瓶她们梦寐以求的香水。

若当时，法国政府要缉拿香奈儿，怕是这些美国大兵也不会同意吧。

香奈儿凭借自己的智慧，争取了近两个月的时间，而这期间她动用自己的关系网四处求救，最终免于牢狱之灾。

对于香奈儿而言，这是一段缠绵悱恻的爱恋，是一段不愿被揭起的伤疤，亦是一场在政治边缘走钢丝的教训。

第八章

品牌神话的开拓者

重返江湖，要做全世界的"爱人"

经过那段与政治有关的经历之后，香奈儿便开启了一段与孤独为伍的时光。

香奈儿虽然未被追究责任，毫发无损地释放，但外界的谩骂和经历战争的疲惫让她无法继续留在这里。

法国，是香奈儿的故乡，是承载着她欢乐和悲伤的地方，也是孕育了她友情与爱情的摇篮。在此之前，她从未想过会离开这里，也不知道除了这里她还能去哪。

然而，形势所迫，别无选择。最终，香奈儿选择了瑞士小城——洛桑。

对于香奈儿这个身负骂名的流亡者，永久中立的瑞士无疑是最好的避风港。而洛桑小城正如它的名字一般美丽，它可以为每一个无处安放的灵魂提供住处，为每一颗流浪的心灵找到归宿，亦是每一个疲惫的身体的加油站。

此时的香奈儿已老去，在漫天飞雪的夜晚，在沉静深邃的阿尔卑斯山旁，在巴德鲁特宫酒店的灯光下，她回忆着自己的岁月，向重逢的故人打开了话匣子。

那样的场景就像叶芝的诗里描述的那般：

当你老了，头发白了，睡意昏沉，炉火旁打盹……

多少人爱你青春欢畅的模样，爱慕你的美丽，假意或真心，只有一个人爱你那朝圣者的灵魂，爱你衰老的脸上痛苦的皱纹；垂下头来，在红光闪耀的炉子旁，凄然地诉说着那爱情的消逝……

香奈儿告诉友人，卡佩尔男孩是她的挚爱。

那时的她是那样的年轻，充满无限的活力，如春天的山茶，如洁白的茉莉，亭亭屹立，明艳动人。

而现在她真的老了。

即使她有一颗年轻无畏的心，也无法阻止容颜的枯萎。

关于事业，香奈儿有着说不完的话。

"一直以来，我一直在创造时尚，曾几何时，我为整个世界设计服装，而现在……"

她一直把事业当作生命中最重要的部分：没有了朋友，香奈儿会感到寂寞和无助；没有了爱情，香奈儿会感到忧伤和寂寞；没有了事业，她也就失去了自己，失去了生命。

彼时的香奈儿已经拥有无尽的财富，完全无须为生计发愁，她可以尽情地享受生活，吃饭、闲逛、看书、听音乐……她活成了很多女人想要的模样。

但是，时间久了，香奈儿感到的是孤独和无聊，她最怕的，就是无聊。

她怀念曾经为时装周做准备的忙碌，怀念为设计绞尽脑汁的状态，甚至怀念与对手针锋相对的时光。

香奈儿萌生了复出的想法，那段时间她经常往返于伦敦、巴黎、瑞士之间，除了与朋友们闲聊，她也会密切关注时尚的风向和时装展。

是的，在瑞士安度晚年的时光，她从未想过真正的休息。最终真正让她决定东山再起的是一个叫作"克里斯汀·迪奥"的人。

1947年2月，冬天的寒冷仍未彻底消退，蒙田大道30号T台上的模特却全然不在意凛冽的寒风。

这场"New Look"的高级时装发布会，火遍了巴黎的大街小巷，也让举办者迪奥成了巴黎时装界炙手可热的设计师。

迪奥希望将丰臀肥乳细腰的年代重新召回时尚的舞台。他所设计的衣服充分塑造了女性身体的曲线美，毫无保留地展现了女性的柔美和妩媚：以方形垫肩呈现的平肩被圆润精巧的肩线代替，宽松的腰身被收起以突出胸部的线条，简洁的连衣裙被褶皱装饰的钟形裙取而代之，热辣的短裙、紧身的短外套……一种颠覆战时风格的服装类型迅速抢占了市场，也吸引了人们的目光。

时装展现场，《时尚芭莎》《泰晤士报》《VOGUE》等知名杂志和媒体都来了，次日国际报纸争先报道了时装周的盛况，称赞迪奥是恢复巴黎时装领袖地位的推动者。

香奈儿正是从报纸上获悉了迪奥的成就，但是，对于这个男设计师，香奈儿没有一点认同，甚至有些愤怒和蔑视："紧身胸衣的回归完全是对时尚的摧毁。"

香奈儿要复出的消息不胫而走。人们不禁好奇，这个已年近古稀的女人将以何种姿态卷土重来。然而，谣言传了一轮又一轮，也未见香奈儿的身影。

香奈儿是要复出，但她要好好考虑以何种方式东山再起。

1954年2月5日，巴黎康鹏街31号，香奈儿举办了"二战后"的第一场个人时装秀，同时宣告正式复出。

她已经70岁了，精神抖擞却饱经沧桑，她的额间生出了许多白发，她的脸上爬满了蜘蛛网般的皱纹，她的手已不再光滑细腻……

世事变迁，朝夕轮回，盛装归来的香奈儿红颜不再，但初心未改。

她依旧烈焰红唇，怀揣一颗桀骜不驯、不畏不惧的少年之心。

实际上，香奈儿原本将复出的时装展安排在11月1日，而她也为此费心尽力，筹集资金。

她将康鹏街31号进行了重新装修：从未关门的一楼精品店翻新得富丽堂皇，黑色的地板、象牙白的墙壁、璀璨的水晶吊灯、镀金的桌椅靠背；二楼的工作室换上了崭新的镜子，旋梯的镜面也一尘不染；三楼是香奈儿的私人居所，摆满了她大半生的珍藏，包括卡佩尔送给她的乌木漆面屏风、维纳斯女神雕像、占卜水晶球、珍珠、黄金制品。

发布会上近百件展览作品，都是香奈儿一针一线亲手缝制出来的。

原本的日期到了，香奈儿对作品不满意，便推迟到了12月1日，然而到了那天，情况依旧如此。

追求完美的香奈儿不断地找瑕疵，反复拆开，调整她的作品。有时候为了调整裙边的一点问题，她会毫无顾虑地趴在地上……发布会前一晚，香奈儿还曾弯着腰，一个一个检查模特身上的衣裙。

香奈儿对事业有着十足的热忱。

然而这次，香奈儿的辛苦并未得到应有的回报，幸运的"5号"也并未带来幸运。

下午两点，检查好最后一个模特，香奈儿挥手示意，模特们排好队走向楼下，当第一个模特出来时，说话声、聊天声渐渐停止了。

康鹏街的沙龙里坐满了贵宾、名流、记者、杂志人、商人、顾客……他们有的是因为好奇，有的是来看热闹，也有的是来看笑话。

这一次时装秀，香奈儿依旧是自己的风格，黑白为主色调，简约优雅为核心。

时装展一结束，人们就匆忙离开了，媒体记者和编辑也都带着失望的神色，他们早已认可了迪奥的风格，而香奈儿已成为过去式。

香奈儿却始终未出现，如多年前一样，她站在镜梯的最顶端，身着白色套装，内搭黑色背心，颈上是层叠的珍珠项链，头上戴着黑色礼帽，用一双眼睛不露声色地注视着发生的一切。

各大媒体无一例外全是对香奈儿的否定、嘲笑和抨击。

"病态的黑色，凝重压抑的气氛，一场悲伤的回顾。"

"场面很让人同情和怜惜，仿佛还是1925年的发布会现场。"

"从第一件衣服开始，我们就知道，香奈儿的风格已经不属于这个时代了……"

面对如此毒辣的评价，香奈儿有些伤心，但也坦然。

在法国和英国媒体的眼中，香奈儿的回归秀脱离了时代潮流，是一次毫无争议的惨败。

然而，美国媒体不这样认为。

先是《生活》杂志用4页的报道，给予了香奈儿极高的评价，认为她的服饰仍旧保持个性独立的特点，没有随波逐流。

同一时间，与香奈儿合作多年的美国版《VOGUE》杂志主编力挺好友复出，以饱满而细腻的笔触讲述了香奈儿的传奇故事，并在杂志卷首刊登了香奈儿的"时尚大片"。

戏剧性的事情出现了，经过一系列的正面报道，香奈儿风格开始在美国流行，而康鹏街也接到了许多来自美国的订单。

时尚的风一经吹起，便会迅速蔓延，一些知道或者不知道香奈儿的女人开始把目光转而投向了香奈儿。

到香奈儿召开第二场发布会之前，法国与英国的时尚风向标竟也在悄悄转变。

已经历半生风雨的香奈儿早已看透了世间的成败，她知道，一切都是暂时的、变化的。

"没有人可以打败我，除了自己认输。"

从辉煌到没落，从流行到过时，也不过短短的一刹那，但香奈儿始终相信，能够引导主流的服装向来不会过于复杂，美和舒适才是永不过时的秘诀。

一个固执的女人，一个坚强的女人，一个不轻易妥协的女人，一个对时尚洞若观火的女人，她有十足的理由让人们相信，香奈儿会再次崛起。

这一次，盛装归来的香奈儿要让全世界重新爱上她。

皮包，背在肩上的梦想

包包之于女人，是一个神奇的存在，它可以随时百变，但又不可或缺。

有人说，包包是女人的第二张脸，是灰姑娘的水晶鞋，是一方神奇的小世界。

这一点都不夸张，而是最真实的评判。

打开女人的包包，里面的世界令人无法想象，那样小小的空间中，住着一位女人的专属造型师：梳子、眉笔、眼影、口红、粉辰、镜子、首饰、发饰、香水……所有的一切都是女人们时刻保持靓丽形象的必需品。女人最亲密的伴侣不是爱人也不是闺蜜而是一款精致的包包。它装的是女性全部的心思，也蕴藏着女性不为人知的秘密。

女人的包看似简单，却有着许多值得推敲的地方。不同质地不同形状不同颜色的包包所传达出的理念不同，所能展现出的气质也不同。

商场里，专卖店，展示柜，各色各样的包包琳琅满目，女人们可以根据自己的服饰、妆容甚至发型来挑选自己喜欢的包包进行搭配，或清纯，或优雅，或随性，或高贵。

包包很小，它只装得下寥寥几个物件；包包很大，它装得下女人整个美好的世界，装得下她们关于时尚和美丽的梦。

时至今日，带肩带的包包已经是非常普遍和常见的款式。但是追溯包包的发展历史，我们不难发现，20世纪初的欧洲各国，女性在出席各种场合时，都会在手里拎着一款小巧的包包。

是的，在当时，有肩带的包包还不曾出现，而它正是香奈儿女士的首创。

那么是什么促使香奈儿进行这样的创新呢？

1955年2月，香奈儿在出席活动的某一天察觉到，女性不知不觉中发生了翻天覆地的变化。新时代的女性在思想上有了更高的觉悟，进而引导自己的身体挣脱传统的束缚，获得更大的自由。她们不再仅仅陪同丈夫出席宴会，也不满足于在家中无所事事、相夫教子，更不屑于每天过着奢靡、毫无意义的生活，她们开始涉足男人们的专属领域，包括建筑、通信技术、金融等。

女人们埋藏已久的潜能被极大地激发出来，在很多领域做得很出色，于是忙碌随之而来。她们需要出席各种场合，需要打理各项事务，看似小巧简单的包包，因为需要手拿而变成女性的负担。

香奈儿本人更是深受这样的困扰。为了将女性的双手从包包之下解放出来，也为了使自己更好地工作，香奈儿便想到了背带，她在小包上加入了金属圈，并连接链条构成环形，这样一来问题就迎刃而解，背起来也不失美观。

于是，1955年2月5日，一款具有划时代意义的女包，也是奢侈品行业第一款有肩带的女包诞生了，香奈儿根据当天的日期，简单而随性地将它命名为"Chanel 2.55"。

同"香奈儿5号"一样，简单的名字，却创造出不简单的奇迹。

2.55这款经典链条包的设计灵感并不是即兴而起的，其中的很多细节则是香奈儿经历的映射，包含着她成长道路的喜悦与悲伤。

时间的镜头转向奥巴辛修女院，童年的香奈儿站在修女院门前，静静地注视着看守人员将一把穿着链条的钥匙别在腰间，此刻的她渴望冲出那一扇小小的院门，尽情拥抱自由。管理者为了更方便地管理这些无家可归的孩子，会用两条链子将他们从腰间交叉锁住。彼时的香奈儿不知有多么讨厌这两条冷冰冰、硬邦邦的链子。

然而意想不到的是，多年后她竟能将链条的元素应用在包包上。她从悲惨的童年经历中提炼出时尚元素，并将其完美地应用在自己的作品中。

青春年少的香奈儿已从修女院转向了教会学校，那里的学生们都穿着枣红色的制服。这让没有资格穿上制服的香奈儿十分羡慕，枣红色也成了香奈儿少女时期的一种渴望，而她将这种渴望设计成了女包的内衬。

处于青春期的女孩子多多少少都会生出懵懂的情愫，那时"多情"的香奈儿有了喜欢的人，就会把情书放在书包前面的隔层中。2.55经典链条包中双层翻盖设计的灵感便来源于此。第一个盖子下面的夹层就是用来盛放少女的心思，包包背后的各层则是用来放零钱。这样设计既贴心，又充满着梦幻色彩。

此外，包包上的链条虽是得益于童年的见闻，但香奈儿并没有完全复制，她在链条的设计上进行了更别致的调整。

1955年，战后的不景气依旧笼罩着欧洲各国，欧洲市场物资极度缺乏，于是便兴起了"废物利用"的风潮。时尚人士纷纷主张将废物利用到底。

裁剪衣服的碎布，制作鞋子的皮革，装饰物剩下的角料……都被设计师用灵巧的双手或与其他材料混搭使用，或点缀，或拼接，变废为宝，都充分利用起来。

香奈儿将女士套装下摆的链条与剪下的皮革条缠绕在一起，竟有一种混搭的美感，柔软又不失坚强，简洁却不单调，香奈儿便是将这样的链条应用在女性的包包上。

包包最初为方形，采用菱格纹线条进行装饰，这种线条形状来源于香奈儿最喜爱的马匹。包包使用方形扣锁。在法语中这个镀金的方锁被称为"小姐之锁"，代表香奈儿小姐，亦暗示她终生未嫁。

在材质上，包包采用皮革包身或者针织质地。为了使其适用于各个场合，香奈儿主打推出两种款式，一种是手袋，采用丝质或针织面料，来搭配晚装，比较随意和简单；另一款则是小巧精致的皮包，用来搭配日装，比较正式，更时尚。

颜色上，香奈儿选择了灰色、闷青色、魅夜蓝、沙褐色等，这些色彩低调中透露着奢华，厚重而颇具内涵。

一项作品能够成为经典，除了独一无二的设计和时尚靓丽的外观，更重要的是设计者认真的态度与繁复细腻的做工。

菱格纹的装饰看起来简单，需要的则是密密麻麻的衍缝。这种缝纫技术最初应用于家具，针脚必须坚固无比。这需要的不仅仅是细心、耐心，还有厚重的力量。

在材料的选择上，香奈儿也是秉着认真负责的态度。开始时，2.55皮革材质的原料使用的是小牛皮和小羊皮。羊皮质地柔软，能够带给女性很好的触感，同时也比较符合女性的特点。

但是，羊皮在柔软的同时极易磨损和变形，这就大大缩短了包包的使用寿命。

香奈儿便将海绵之类的东西填充到羊皮与内里之中，并且用菱格的针线图形将其缝纫起来。如此将羊皮框起来，不但可以让柔软的羊皮不再轻易地变形，而且还能够保证香奈儿女包的各种款型的固定。

除此之外，香奈儿还令人将皮革进行了特殊加工，处理后的皮革表面会凸起颗粒状，类似荔枝的表皮，因此这种包包还有别称叫"荔枝皮"。

这仅仅是香奈儿包包制作工程中最简单的部分。一件手包的诞生，从剪裁、贴合、缝纫、拼接到最终包装要经过整整180道工序，并且每一道工序都需要精心设计和打磨，会花费大量的时间和精力。

一件手包的制作完成竟要6个工人耗费10个小时，这样的时间估算还是在一切顺利的情况下。

过程漫长而烦琐的原因是，追求完美的香奈儿一直坚持让工匠们纯手工制作。每一个香奈儿的工匠都会系着皮围裙，一手拿着锥子，一手拿着浸过蜡的麻线，就这样一针一线，花3天的时间去完成一个女包的制作。工匠们用的针法，是一种叫作双骑马订的祖传针法，这样制作出来的女包，看起来才更美。

2.55款手包一经问世就迅速受到女性们的青睐，尤其是独立女性。对她们来说，这是一种新的生活姿态的象征。之后不久，这款包包便成为众多时尚达人梦寐以求的单品之一，也引得其他设计师争相效仿。

而现在，经过多年的演变，香奈儿2.55经典手包已经衍生出更多系列，不管是怎样的样式，只要是香奈儿包包就足以让女人们流连忘返。

好鞋，释放足尖的美丽

年过古稀的香奈儿已垂垂老矣，甚至有时候她也会怀疑自己是不是真的老了，尤其是她在瑞士独居归来之后。

但是，她始终相信美和舒适永不过时。

女人，要穿简单优雅的衣服，挎着时尚柔软的羊皮包包，佩戴着别致而有内涵的首饰，而脚上也必须穿着一双美丽舒适的鞋子。

这便是世间一种独一无二的美，它的名字叫作"香奈儿"。

而高跟鞋对于女性来说更是意义重大。从第一次穿高跟鞋歪歪扭扭似小丑似的步伐到之后能够驾驭自如，展现女人的风姿和魅力，这期间有着难以忘怀的经历，那就是无法言表的痛。

既然如此，女人们为何还如此钟爱高跟鞋呢？

因为，高跟鞋是女性成熟的标志。

因为，高跟鞋是追求美丽的必备品之一。

因为，一双合脚的高跟鞋足以成就一个优雅的女人。

穿上高跟鞋，身体的重心从脚跟转向脚尖，女人们就要挺胸抬头、收腹提臀以防止自己摔倒，同时步幅减小，腿部看起来更加笔直，而提气挺胸也会使得上半身的线条更加完美。因此女性的站姿、走路都将更富有风韵，婀娜与优雅显露无遗。

高跟鞋使女孩蜕变为女人，使女人更显女人味。

高跟鞋会使自卑的女人变得自信，平庸的女人从人群中脱颖而出，也会使胆怯的女人变得骄傲勇敢。穿上高跟鞋的那一刻，女人的王者属性就会被完全激发出来，成为所有人的焦点。

1957年，香奈儿推出了一款黑色与米色碰撞的双色鞋，堪称又一大创造式的设计。

"这双鞋与当时的任何一双鞋子都不同，它有着黑色的鞋尖和米色的鞋身，略带方形的鞋尖设计使得女性的足部看起来更加纤细，将双足的美感淋漓尽致地呈现出来；米色的鞋身由于颜色与人体的肤色接近，渲染了视觉效果，巧妙地拉伸了腿部线条；镂空细带的运用使得鞋子从完全对称的死板之中解脱，内侧鞋带的松紧设计可以使足部承受更大的压力，增加了舒适感。"

这一番评价，正是出自与香奈儿长期合作的MASSARO鞋履坊负责人之口，可见这款双色鞋是多么的独具匠心又精妙绝伦。

如香奈儿自己所言："一双好鞋可以衬托出仕女优雅的气质。"双色鞋直接诠释了香奈儿的这种理念，也呼应了她为女性创造更多活动空间的设计思想。

当第一双香奈儿双色鞋从MASSARO鞋履坊诞生时，凡是看到它的人都为之心动，随着大批量的制作，双色鞋迅速在时尚圈流行，造成了极大的轰动。

人们不禁疑惑，这样一款独具创新理念、颠覆单一色调的鞋子，香奈儿究竟是如何设计出来的？

正如从香奈儿手中诞生的很多经典作品一样，这双双色鞋的设计灵感亦来源于男性的穿着。

当时，网球和高尔夫球是很多贵族男士喜爱的运动项目，而这些项目往往在草地上进行，草地上多有尘土和灰迹，男人们便穿着黑色的鞋子以便于隐藏脏迹。

而女人们喜欢的浅色鞋子却极易弄脏，即使不是在草地上，普通的路也要小心翼翼，稍不留神就有可能沾上污渍，以至于丧失美感。

香奈儿在此时便开始思索设计一双怎样的鞋子，既让它有女性们喜欢的浅色，同时又不怕被弄脏。

灵感迸发，香奈儿想到了双色鞋。将黑色运用到女鞋最易被弄脏的鞋头部位，鞋身部就可以用任何一款浅色，这样既能保证美观，又增强了实用性。

第一款双色鞋的鞋身颜色，就是当时香奈儿最喜欢的米色。

黑白是香奈儿事业中不可或缺的颜色，它们极致地演绎了她高冷骄傲的女王气质，而米色传达的则是香奈儿的一缕柔情。

米色，让人想起蔚蓝海岸的沙滩，柔和平静；米色是贴近肌肤的颜色，是最自然的颜色；米色与黑色搭配，庄重而不沉闷，温柔而不失硬气。

在双色的构想下，香奈儿又加上了黑色，设计出了另外三款双色鞋，并且四款鞋子各有侧重的场合：

米—黑色，最百搭的款式，适用于大多数场合和多种风格类型的服饰。

米—深蓝，夏日的阳光配上深海的蓝，凉爽而惬意。

米—金色，高贵与优雅的标志，一抹闪耀的金配上柔和的米，就是晚会上的焦点。

米—深咖，暗色系服饰的最佳伴侣，运动型服饰的最好搭档。

四种款式，分别演绎了不一样的风情，几乎可以适用于任何场合，任何服饰。

此时的香奈儿仍然像以前那样自信满满："只要四双鞋，我就能环游世界。"

同斜纹软呢、小黑裙、2.55手包一样，双色鞋也成了跨越时代的经典之作。

随着时间的流逝，属于双色鞋的时代依然没有成为过去，反而在时光的流转中演变出多样化的类型。

正如香奈儿所言，时尚是在诠释时间，诠释地点，诠释时代。

所以，想要时尚就要与时俱进，就要永远向前。

在某一次与本德尔相约的航海旅行中，香奈儿发现男服务员穿着的鞋子很特别：只有鞋头用黑色的皮革包裹，鞋身则是帆布。

之后，香奈儿便将黑色皮革与帆布相结合，设计出了更具休闲特点的女式"帆船鞋"。

1959年，红色尖头鞋因它的性感与热情迅速蹿红，尖头比方头更能显出双足的瘦削，也更能表现出女人味，热辣鲜艳的红色更具生机与活力。

在材质上，香奈儿也做出了更多的尝试，黑色丝缎和小羊皮被应用于双色鞋的制作。

1960年，扮演茜茜公主的女演员罗密·施耐德在香奈儿的工作室试衣服，当她穿上双色鞋的一瞬间就爱上了它。

到了1967年，为了使鞋子能够更加完美地搭配起来越多元化的服饰，香奈儿推出了添加金属材质的双色鞋，或是精巧的金属蝴蝶结装饰，又或者在面料上以金银线缝制花纹。

双色鞋俘获了越来越多女人的芳心，除罗密·施耐德之外，凯瑟琳·德纳芙、碧姬·芭铎等一众女星亦是它的忠实粉丝。

时装展上的常胜将军

纵观香奈儿的事业进行史，尽管有高低起伏，跌宕曲折，但似乎每一次对决，她都是胜利者。

有人说，这个在感情中受尽伤害的女人，上帝在事业上眷顾了她。

这样说对，也不对。

的确，她这一生唯有在感情中才会全军覆没。她始终以满腔热血追寻爱情的脚步，却总是悻悻而归。

爱是她一生的精神寄托，是她灵魂的养分，也是她永远无法弥补的遗憾。

直到她生命的最后时光，她还会弹起吉他，唱出深埋于心的遗憾："美丽的恋人啊，你是我的家乡，你是我回不去的时光……"

而事业上的成功有幸运，但更多的在于她自身的才华与努力。

就像当年在修女院的她，不相信依靠祷告就能获得美好的生活一样，她始终相信所有成功都需要自己的努力，自己的人生要自己支配。

香奈儿一生中最强劲的敌人应当就是超现实主义的设计师艾尔莎·夏帕瑞丽，以至于香奈儿从不直呼她的名字，只叫她"那个女人"。

人们说，香奈儿之所以如此耿耿于怀，是因为在两人的对决中，她一直处于被压制的状态，风头全被艾尔莎抢走。媒体记者也不再围着她转，就连著名的《时代》杂志也将艾尔莎·夏帕瑞丽的照片作为杂志的封面，并称她就是"天才"的代名词……

但那又如何呢？笑到最后的才是赢家。

1954年，香奈儿在71岁高龄回归时尚界，在康鹏街举办了她的回归秀展。她忍受流言蜚语，不顾嘲讽抨击，依然高歌勇进，在一片荒芜中重新建立了香奈儿的时尚王国。

而属于超现实主义风格的时代已然消逝，尚未老去的艾尔莎关闭了公司，宣布破产。

当然，香奈儿的对手绝不止艾尔莎一人。

在她之前，香奈儿受到过无数次质疑，也经历过大大小小的对决，甚至被大多设计师批判。

在她之后，重新归来的香奈儿亦迎来了更大的挑战。

1920—1940年，女性设计师一直占据着时尚界的领先地位，享有盛名的设计师大多都是女性，除了香奈儿本人，还有艾尔莎、莲娜·丽姿、格雷夫人等。

她们都有着自己的风格以及忠实的追随者，成立了自己的时装公司，在时尚事业上大有成就。

然而，从二战开始，格局发生了彻底的改变。

迪奥、纪梵希、吕西安、卡丹等男性设计师纷纷崛起，他们与女性设计师有着完全不同的设计思想和工作方式。他们不像香奈儿和其他一些女性设计师按照人体形态或者直接在模特身上裁剪和修改服装，他们善于借助工具工作，在图纸上画设计图，因此设计不受人体比例限制，能够将自己的想法精准地表现出来。

当香奈儿重新回到巴黎时，面对的正是男性设计师主宰的天下。

迪奥作为其中最有影响力的代表，也是香奈儿的劲敌之一。

克里斯汀·迪奥于1905年出生于格兰维尔，幼时的他生活在一处与大海毗邻的老宅子内，而这幢宅子的布局和建筑特征对迪奥以后的生活产生了巨大的影响。那几年他受到了良好的艺术熏陶，亦是他一生中最美好的时光。

之后，一战爆发，迪奥跟随父母四处逃亡。战争中女子的穿着和一份来自巴黎的报纸中有关时尚的内容给迪奥留下了深刻的印象。

1920—1930年是经济富足的时期，也是香奈儿创作的顶峰时期。正是从这时开始，迪奥跌宕起伏的人生正式拉开了帷幕。

他小时喜爱画画，服完兵役的他便说服家人在巴黎开了家画廊。然而，好景不长，厄运接踵而至。

1930年，股市崩盘，迪奥的兄长患上不治之症，母亲伤心而亡。一年后，在资本主义经济危机笼罩下，迪奥的父亲投资亏损殆尽，随之破产。

迪奥难忍悲痛，投身建筑领域，远赴苏联。之后，画廊破产，迪奥也疾病缠身。

病愈后，迪奥回到巴黎，打算开始新的生活，当他千辛万苦迎来事业的新起点之时，二战的到来又一次将他的新生活摧毁。

这个不幸的年轻人逃亡到农村，开始了他的田园生活。这期间他收到了《费加罗报》女性版面要继续与他合作的邀请，不过这次他犹豫了。而当他打算接受邀请时，人家已经聘请了为香奈儿工作过的打版师。

迪奥恨透了战争，也反感战争中那种只能乘地铁、骑车以及穿木根鞋走路的生活，所以在他真正崛起之后，势必要复兴古典时尚，和那其中蕴含着的童年时光。

不过对迪奥的设计香奈儿始终不能苟同。迪奥的服装注重塑造女性的身体曲线，他会将腰部收紧，突出胸部和臀部，充分展露女人的性感和妩媚，这样的风格如一战前的"丰臀肥乳细腰"，而香奈儿的服饰正是从那时期以颠覆创新的形式而崛起。换句话说，迪奥所推崇的风格正是香奈儿一心想要灭绝的。

一个想要女性释放自我，迎接自由；一个则希望将女性紧紧地束缚，呈现线条之美。两人的设计理念截然不同。

当时，迪奥的风格受到各界人士和媒体的追捧，香奈儿的时尚成了过去式。

香奈儿没有轻易认输，也没有随波逐流转换设计风格，依然特立独行，坚持自我。

虽然在1954年的春季时装展上，香奈儿的风格受到了众多媒体的批判，但是在秋季时装展上大获成功，全世界再一次承认了香奈儿的风格。

与此同时，迪奥也不断推陈出新，两人明争暗斗，从未停止较量。

直到1957年的春季时装展，迪奥因身体原因没有设计出令人惊艳的作品，并于同年10月，因心脏病突发，于意大利去世。

香奈儿在惋惜的同时，又不得不直面新对手的猛烈出击。

皮尔·卡丹于1957年提出了"成衣大众化"的观点，主张"设计的衣服不仅要穿在贵族身上，还要让普通民众也能穿得起"。正是因为他在保证质量的同时，大大压低了价格，从而成了时装界的新宠。他的成衣不仅在巴黎热卖，还被大量销往美国，受到了美国中产阶级的青睐。

此外，迪奥去世之后的迪奥公司并未因此衰落，而是很快出现了新设计师的身影。伊芙·圣·罗兰，迪奥曾经的助手，成了公司首席设计师。当时，香奈儿正在美国得克萨斯州参加颁奖典礼。当她回到巴黎后的几个月，圣·罗兰已然声名鹊起，被媒体评价为"拯救了迪奥风格"的设计师。

1958年，春季时装展上，圣·罗兰以新型的梯形线赋予了裙子短而宽的裙边，迅速将裙子长度提升至膝盖以上，这样设计的丝绸裙和毛线裙成了新的潮流。

女人们为了不与时尚脱轨，纷纷抛弃了之前的裙子，疯狂地购入圣·罗兰设计的裙子。正是这样不理智、不吝啬的消费，使得迪奥公司当年的服装销量超过了巴黎其他时装公司销量总和的一半。

尽管如此，香奈儿还是依照自己的设计思路，仅是一个裙边的改变她也不愿妥协。同年的时装展上，她推出了长袖开衫毛衣、下摆坠有金属链条的女士套装，并别出心裁地在衣服内里加入口袋元素，但在裙边上没有丝毫改动。

香奈儿这次的设计着重于内部改动，在外形上没有太大变化，但是女人们为此对她心存感激，因为这样的设计保证了她们前几天刚买的衣服至少半年后才会过时。

所以香奈儿即使处于劣势，她的客户量依然没有骤然减少。

到了1959年，圣·罗兰的设计逐渐归于平静，并将裙子长度重新调整回膝盖以下，而香奈儿的有利地位却愈发凸显出来。

在与圣罗兰的较量中，香奈儿以绝对的优势胜出。但她没有时间放松警惕，因为她知道下一个对手马上就会出现。

1960年，安德烈·库雷开始活跃在了时尚界。他善于使用大量夸张鲜艳的色彩，并热衷于将女性的裙子一剪再剪，变成有"迷你裙"之称的超短裙。

库雷认为香奈儿的设计虽然优雅高贵却毫无活力，香奈儿则反驳道，自己的服饰是为大多数女性设计，而不是为了几个没有长大的少女。所谓的"迷你裙"不过是仅仅适用于小孩的服饰，对于成熟女性来说简直就是噩梦一样的存在。

1960年的时装展上，香奈儿延续以往的简约之风，推出了短夹克、针织裙、职业装等，并着重在细节上出彩，例如将夹克领子去掉，裙子一侧镶上亮片，袖扣缀上珠宝……

迷你裙盛行的时代，香奈儿这一系列优雅大气的服饰无疑成了众多知性女人的最爱。不久之后，香奈儿的观点便得到了验证：适合迷你裙的人的确是很少一部分。

匆匆地来，匆匆地走。须臾之间，迷你裙便悄悄退出了时尚舞台。

棋逢对手，香奈儿再一次证明了自己的实力。

可以说，香奈儿面临的挑战从未中断，但她始终不忘初心，凭借自己独特的审美品位和坚毅自信的品格，战胜了一个又一个对手，成了时装展上独一无二的赢家。

一切，让时间来说话。

走在时代的最前端

想要无可替代，就要与众不同。

关于时尚，香奈儿自始至终都有着独一无二又坚定不移的见解和信念。也正是如此，以香奈儿为名的潮流风格从未改变，但也时刻创新。

如此品牌的诞生便是一个神话，而创造这个品牌的人堪称奇迹。

的确，正如爱尔兰戏剧家萧伯纳所评价的那样，香奈儿就是时尚界的奇迹。

她这一生，为时尚而活，为女性身体解放与个性独立而战。

她从未想过真正的休息，也一直在创造。在她醒着的时刻，在她生命的最后时光，在她的双手仍旧能够工作的时候，那把连着金链的剪刀一直挂在她的胸前，从不离手。

曾经的她只是从一个贫穷的小地方走出来的女孩，是一个孤陋寡闻的小裁缝，是服装设计的门外汉，但她凭着自己不轻易认输的倔强，凭着自己的一腔热血，凭着对时尚的热忱，创造了一个又一个奇迹，而她本人也一跃成为时尚界的传奇。

她有着聪慧的大脑、敏锐的洞察力、灵巧的双手和永不放弃的精神。

从她手中诞生的一系列设计作品至今还活跃在时尚的舞台，从服装到鞋子，从包包到饰品。有的成为女性必备的单品，有的成为女人的梦想，有的成为传世的经典。

阔条运动裤，近年来最流行的裤装款式；喇叭裤，从20世纪80年代到现在，成为时尚轮回中不变的经典；直筒裙，时至今日依然是职业女性的不二之选；吊带连衣裙仍然在每个夏天被女人们悄悄放进购物车，进而陈列在衣柜……

标志性的小黑裙，清新脱俗的白裙，黑与白的交织，如同跳跃的钢琴键弹奏出优美的乐章。那声音穿越时光之门依旧萦绕人们心间，成为世纪之音。

简单实用的双色鞋，优雅干练的苏格兰斜纹软呢套装，经典的配色，精巧的剪裁，依然是当代知性女人的不二之选。

神秘的香奈儿5号，玲珑的2.55链条包包，一种激发女性魅力的芬芳，一个挂在女性肩上的梦想，名字中同样缀有5号的幸运数字的作品，一个成为香水帝国的统领，一个成为包包界争先效仿的对象。

是的，从香奈儿手下诞生的作品，不论经过多长时间，依旧是潮流的风向标，是时尚的代表。

当一个品牌经历百年风雨依旧屹立不倒，当一种设计穿越岁月风霜依然流行，当一种潮流成为定格的时尚，这其中离不开独树一帜的设计理念和严谨认真的工作态度以及对事业无比真挚的热爱。

香奈儿对待工作的痴迷程度自然不用多说，当性格融入事业，可可·香奈儿就成了女强人；当梦想遇到天赋，她就成了一个不折不扣的工作狂。

而超前的理念则是香奈儿永远走在时代前端的制胜法宝。

"完美，就是去掉一切多余的东西。"乔布斯的这一句话与香奈儿的设计理念不谋而合，也许传奇的人物都是如此纯粹，崇尚简约。

跟香奈儿相关的一切似乎都是至简至纯，恰到好处，不过分累赘又不至于单调。

香奈儿的理念至今仍旧是人们选择服装的至理名言：真正的艺术在于减去那些别人加上去的东西，简约舒适永不过时。

当然，这种超前的理念也有被质疑的时候，也有被认为过时的时候，也有被打上失败标签的时候。

香奈儿的复出秀以惨淡收尾，尽管之后美国各大杂志对她赞赏有加，但在巴黎，她依旧逃脱不了被质疑和嘲笑的命运。

一名记者甚至为她规划好了未来的人生之路："当一个人的光芒暗淡时，就应当坦然接受，不再做无畏的挣扎。依靠过去的盛名，不做任何迎合时代的改动，显然不是好办法……"

就连香奈儿的合作伙伴皮埃尔也找上门来，他害怕连篇的负面新闻会影响到香奈儿5号的销量。他放下面子恳求眼前这个固执己见的女人，不要再消耗香奈儿品牌之前积累的名誉和声望，就此罢休吧，依靠香奈儿5号的分红潇洒地度过余下的光阴，或者跟随现在的潮流，摒弃以往的设计理念，重新开始。

但是，香奈儿对于事业的重生，有着不可动摇的信念，更有着自己的想法，绝不会随波逐流。

她知道，香奈儿品牌要想从激烈的竞争中脱颖而出，就必须有与众不同的地方，如果盲目跟风，即使获得一时的胜利，也会被迅速遗忘。

要想让人们对香奈儿过目不忘，就要保持一种风格，延续独有的特点。

于是，香奈儿下定了决心继续工作，不改变原有的风格。

趁着美国几大杂志正面报道的热度，香奈儿马不停蹄地召开了回归后的第二次新品发布会。

她依旧推出了她钟情的颜色和面料：黑、白、米、蓝；天鹅绒、针织、粗呢……

在样式上较之前有了创新，在剪裁和缝制上也更加精致。理念和风格要始终如一，但设计和样式不能一成不变。

那时，好莱坞的众多女星成为香奈儿的追随者，美国媒体对她好评不断，法国与英国的舆论导向也开始偏向称赞香奈儿，仿佛从未对她进行过无情的批判。

《生活》杂志写道："她已经引领一切，71岁的香奈儿创造的不仅是一种时尚，更是一种革命。"

《VOGUE》杂志写道："她始终特立独行……她依旧属于这个时代。"

1956年，法国版《VOGUE》杂志刊登了香奈儿的两套经典套装，一套为黑色巴里纱裙，一套为白色衬衫与黑色外套。

曾经被批判为沉闷的黑色和隐晦的白色也能够登上杂志的头版头条，成为女明星的最爱。

1957年，香奈儿又获得了美国时尚界的最高荣誉"时尚杰出贡献奖"。

此时，香奈儿的客户已然囊括各个国家的上流人物，甚至包括总统太太，如法国总统乔治·蓬皮杜的太太，美国第一夫人杰奎琳·肯尼迪，以及包括玛丽莲·梦露在内的著名女星。

最高阶层的引领者，荧幕上的时尚宠儿，她们的青睐无疑是给香奈儿最好的宣传。

在回归时装界仅4年的时间后，她又被称为世界上最主要的时尚引导者。香奈儿的时尚再次席卷了全球，引领潮流。

至此，香奈儿终于东山再起，重获盛名，就像她从未离开过。

而今穿越一个世纪的风雨，那一件件简洁优雅、质朴自然的服饰依然陈列在光洁明亮的橱窗里；琥珀般晶莹剔透的香奈儿5号，依然用它的香气将女性幻化为远古尘封的秘密；菱格纹仍是当今时尚不可或缺的元素；清新纯洁的山茶依旧将它的芬芳洒落；还有那印在香奈儿作品上的双C Logo，看似简单的线条经过千锤百炼之后，被赋予了更多的意义。它是一种不会过时的个性，也是一种永远存在的时尚，它的经典和奢华，会永远走在时尚的前沿。

精致细腻的剪裁，无可挑剔的款式，简约大气的外观，让香奈儿成为经典中的经典。

女人要想迷人，首先要成为一个谜。香奈儿的时尚将女性从内至外真正地丰富化、神秘化，用简单的外表赋予了女性深度的内涵。

换句话而言，可可·香奈儿推崇的不是时尚，而是一种专属的风格，一种坚持自我的个性，一种自我解放、追求独立、崇尚自由的精神。这种精神将永远激励着越来越多的女性奋斗不休。

想要无可取代，就要与众不同。一百年过去了，也真的没有人能够取代香奈儿，无论是它的标新立异，还是它的长盛不衰。

如今，可可·香奈儿虽然已经不在，但是香奈儿服装的定位依旧不曾改变：简洁、优雅、自由。那些钟爱香奈儿的女性，也依旧举止优雅、成熟干练。它的优雅、高贵亦是亘古不变。

无论时隔多久，香奈儿的时尚依然走在时代的前端。

第九章

美丽革命中的"孤独者"

两人亲密依靠的侧影是双 C 的精神支柱

1921年5月5日，在"香奈儿5号"的发布会现场，慕名而来的人们看到，传说中神秘撩人的香氛被紧紧地封存在一支支方形的玻璃瓶中，摆在展示柜最醒目的位置，瓶身印有"NO.5，CHANEL，PARIS"的字样，瓶颈仅有小小的"C"字母标志，而瓶盖上则是交织的双C标志。

除此之外，再没有别的花纹和装饰，大片的留白给予人们无限的遐想，延续着香奈儿一贯的简洁理念。这是双C标志首次与世界相遇的场景。

关于香奈儿是如何设计的这一标识，没有明确的答案。有一个流传的故事简单地概括了这一过程。

名字和包装确定好之后，关于"香奈儿5号"的标识，香奈儿并没有特别明确的想法。但她心里所想的是，它应当有个性、简洁同时又能彰显"香奈儿5号"的特别之处。这香水就像她自己的孩子一般，从构思到诞生，她付出了无数的心血，理所应当冠以自己的姓名。

于是，香奈儿在纸上先写下了自己姓氏的第一个字母"C"，之后，香奈儿反复思索能有什么可以与之搭配。她突然想到了自己之前设计的双排扣服装，一经推出，就受到了众多顾客的追捧。

"也许，双'C'是个不错的选择呢。"香奈儿心想。

这样想着，她便在之上写下了另一个"C"。开始香奈儿让它们背对背顶对着，但这样似乎并不美观。于是，香奈儿尝试性地挪动了一下位置，背对背交叠姿态的双"C"标志产生了。

也有人说，当自己的品牌需要一个标志时，香奈儿首先想到的便是自己的名字"COCO"，她愿意将自己的一切包括生命和姓名都融进自己的作品中。

虽然，她原本的名字并不是"可可·香奈儿"，但是，早在酒吧驻唱时，她就早已将简单的"可可"两字，铸进了自己的生命里，自此，"可可·香奈儿"刻在了世人的心里。

双"C"究竟是如何诞生的与它背后蕴含的意义相比，显然不是那么重要。

走进香奈儿的童年时光，在奥巴辛修女院的彩绘墙上画满大大小小错乱的几何图案，线条简单，充满童真。那时的香奈儿也曾在这里画下属于自己的一笔，像是在勾勒自己的未来，慎重而仔细。

这类似几何图案的双"C"，不禁让人们怀疑，香奈儿仍旧无法释怀那一段孤独的时光。

那个深埋着她的笑与泪、甜与苦、希望与绝望的地方，那段充满坎坷与流离、阴霾与冷寂的岁月，是她心底里最疼的伤，是她要铭记的一生的痛。

背对背交织在一起的两个字母，互成镜像，也似香奈儿与茶花女。

那一幕舞台剧亦让香奈儿记忆了数十载春秋。

在香奈儿看来，茶花女就是一面明镜。她从中看到了交际花们的风光与不堪，看到了她们的美好与无奈，看到了世界的残酷与冷漠，看到了真爱的可贵与难得，也看到了那时作为情妇的自己的沉沦与挣扎。

看着别人的故事，流着自己的眼泪。

茶花女之于她，如同揽镜自照，她们不过一个活在故事里，一个挣扎在人世间。

她们之间始终隔着一堵叫作"现实"的墙，打不破敲不碎，却一直都在。

恰恰如此，香奈儿也不是"茶花女"，她更幸运也更独立。

如同交织的双 "C"，背靠背无比亲密，却又无法触摸彼此。

交织的人生，却也是不同的结局……

然而，也有人说这个交织的双C图案，更像是可可·香奈儿与亚瑟·卡佩尔名字的缩写组合，映射着他们之间微妙而亲密的关系。

卡佩尔去世之后，香奈儿与戴安娜的关系在很长一段时间里都发展得曲折跌宕。刚开始，两人都有意躲避对方，避免碰面。之后，戴安娜竟成了香奈儿的顾客，但两者又无法像普通的买主与卖主那样相处。直到后来，她们因卡佩尔的遗物归属起了争执：戴安娜得到了卡佩尔大部分遗产，而她仍要要回卡佩尔放在香奈儿住处的家具；香奈儿则说那是卡佩尔送给她的，已经是她的私人物品，她不会给别人……

过后，香奈儿还把卡佩尔送给她的"绿色呼吸"的窗户涂成了黑色，以此来表达自己的思念，而"绿色呼吸"正是卡佩尔与戴安娜住过的地方。

这场看似毫无意义的斗争实际上是因为她们都无法释怀对方与卡佩尔之间的关系。

于戴安娜而言，她始终介意卡佩尔对香奈儿的爱。

于香奈儿而言，她始终不愿接受卡佩尔与戴安娜的婚姻，尽管她一直表现得很不在意。

她与卡佩尔是亲密的恋人，但她不能成为他合法的妻子，他死后又无福成为他的遗孀。

他们是没有结婚证明的爱人，不被法律认可的伴侣，也是没有合同的搭档。

他们的亲密关系只有缥缈的虚无的情愫，却无法用书面的实物证明。

他们是彼此唯一深爱的人，相互影响，相互挂念，但永远无法名正言顺地在一起。

他们之间始终有一张透明的隔膜，看不见也摸不着，却真实存在，因而他们再亲密也无法真正融为一体。

就像那两个交叉的字母C，一个是可可·香奈儿，一个是亚瑟·卡佩尔，就这样相互依靠，而又背靠背，看似亲近，却又不能面对面地相拥。

她常说："美容要从心和灵魂做起，女人不能仅仅只是漂亮，更要有涵养。"

内外兼修一直是香奈儿对美丽的认知，也是她的追求。

于她而言，美丽是一种态度，一种由内而外散发出来的魅力。

设计如人，香奈儿所呈现的作品向来不是只有华而不实的外表，而是有着特定的时代背景和人物故事，也正是如此，她的每一个作品都有血有肉，鲜活生动，内涵丰富。

两个字母C，一个是外在的漂亮，一个是内在的美丽；一个是作品表面的美好形象，一个是背后令人深思的寓意。

香奈儿品牌之所以能够经久不衰，历经沉浮，穿越世纪，仍旧被全世界的女人青睐，那是因为它不单单赋予了女性独特的美，还教会她们如何追求美；它不仅仅用时尚的衣服装扮她们，还让她们懂得时尚的真正内涵；它不仅是优雅、高贵的代名词，而且是一种文化，一种精神。

1959年，香奈儿5号的香水瓶作为20世纪的象征之一，被纽约现代艺术博物馆纳入永久藏品行列。

多年以后，那一方小小的瓶身在画家安迪·沃霍尔绘制的绢印版上熠熠生辉，而那醒目的双C标识更加亮眼。

这是对香奈儿品牌文化的肯定，也寓意着香奈儿的精神如同双C一般永远耀眼。

香奈儿告诉女性，不管你是白种人、黑种人还是黄种人，不管你来自哪里，你都是独特的。

两个自我紧密地靠在一起，相互依偎，永不分离，这便是双C最深刻的内涵。

时至今日，简单的双C已经被赋予了更多的意义，时间也让它更具价值，高达56亿身价的双C也被用到越来越多的领域。

2012年，为了配合伦敦奥运会的主题，香奈儿设计了一系列运动产品，乒乓球拍、网球拍……而双C的经典标志自然被应用到了设计中。

这是香奈儿精神与奥运精神的碰撞，亦是香奈儿文化与奥运文化的携手。

双C标志完美地诠释了香奈儿的灵魂和精髓，它早已成为香奈儿精神的一部分，在一次又一次的时尚盛宴中大放异彩，照耀人心。

时尚和优雅不仅仅是漂亮的东西

对于时尚的定义，每个人都有不同的看法。

有人说，时尚是最潮流的装扮，是金钱的堆砌，是只属于上流人士的特权；也有人说，时尚是一种独特的符号，一种标新立异的言行，一种特立独行的态度；还有人说，时尚是唯我独尊的自信，是战胜同类的魄力……

但香奈儿说："时尚是一道风景，一种心灵状态，时尚存在于风中，存在于空气中……"

关于美丽和优雅，香奈儿依旧见解独到。

这点在香奈儿对于衰老的看法上就能淋漓尽致地体现出来："越是在意衰老的人越是老得快，按摩下垂的脸颊不如按摩一下精神。美容应当从心和灵魂开始，如若不然，化妆品毫无用处。永葆年轻的真正秘诀在于将表象的美转化为内在的魅力，这是很多女人都参不透的技巧。"这句话是否可以这样诠释：女人的优雅是演绎从内到外的美，有内涵的本心和漂亮的外表同样重要。

姿态独立，简单纯粹，便是优雅。

不浮于表面的漂亮，亦是优雅。

经得住时间考验的美，也是优雅。

香奈儿说，时尚需要美丽，但仅有美丽是不能成为时尚的。她讨厌所有仅仅是漂亮的东西。

正是这样的想法让香奈儿钟爱黑白，而她用黑白演绎出来的优雅成为人人追寻的时尚。单论颜色，黑与白最简洁最单一，也许比不上其他颜色那么生机勃勃，但它们最纯粹最极致。

几十年的设计之路，香奈儿构建了属于自己的风格，简单自由，美丽舒适，优雅如一。

20世纪初期，上流社会的人们积累了一定的财富之后，开始在服装上大做文章。名媛贵妇们更加注重穿着打扮，她们希望自己的衣服帽子更加华丽，能够引人注目。于是，设计师们纷纷按照这样的理念进行设计，制作出来的衣服华美、耀眼，却也复杂、烦琐。

帽子亦是如此，圆面包一样地覆盖在头顶之上，堆砌着羽毛、果实、花朵、繁芜的冠饰，就像一座宏伟的城堡，一座收容万物的博物馆，昂贵却无灵魂。

香奈儿曾说："多样的装饰，烦琐的花边，复杂的刺绣，多重的色彩，这些全都应用在服装上，它便成了一件华美的艺术品。拖曳的长裙摆扫过尘埃，彩虹的七色在调色板上分解成更加丰富的色彩，短暂的亮眼之后尽是枯燥无味，空余矫揉造作之感。稀有变得不再珍贵，富有却变得最贫穷。"

彼时的香奈儿还不知道自己的风格究竟是什么，也不知道自己究竟该遵循什么样的设计理念。她的所作皆是由心而起。她讨厌肤浅的漂亮，喜欢有内涵的奢华，喜欢自由奔跑的感觉，喜欢简单纯粹的东西。

沉重紧身的服装束缚的不仅仅是女性的身体，还有她们的思想和灵魂。女人们将自己紧紧地关在那扇叫作"取悦男人"的大门之内，都不曾想伸出头来看看。在香奈儿看来，这样的女人穿得再华贵，再美艳，她们的内心始终一贫如洗，与优雅丝毫不沾边。

优雅的根本是姿态的独立。漂亮的衣服需要有趣的灵魂撑起，时尚的装扮更离不开美丽心灵的衬托。

因此，香奈儿的模特都是她亲自挑选，要求始终如一：清瘦，有气质，有内涵有教养。在她看来，只有有修养的独立女性才能把香奈儿服装的精髓更好地展现出来。

1920年，美国国会修正了宪法，确定了妇女拥有投票权。世界各地相继兴起了大规模的女权行动，女性的独立思想开始觉醒。

香奈儿等待的时机终于到来了。

香奈儿认为丰乳肥臀细腰已经过时，华丽沉重的时尚不是真正的时尚，而是枷锁，是酷刑，是囚牢，禁锢了自由的灵魂。仅仅为了美而美，却无法给人以舒适和享受，这样的服装不应该推崇。

伴随着思想解放的风潮，香奈儿要掀起一场女装界的革命，让女性从头到脚重获舒适与自由，让女性从内到外兼具时尚和优雅。

她将长长的拖地裙改成及脚踝的晚礼服，改成及膝的日常裙；她将裹身的胸衣淘汰，将上衣设计成宽松的直线型；她将舒适的泽西面料搬上外衣的舞台制成针织衫；她将那些夸张烦琐的装饰除去，绣上纯洁精致的山茶，缀上小巧玲珑的珍珠……

她用极简的黑赋予了短裙魔力一般的优雅与风韵，让它成为全世界女人的梦；她用纯粹的白使女性回归少女的姿态，无邪率真，朴素清纯；她用素雅的米色作为套装的基调，展现出成熟女性的万种风情……

去繁至简，返璞归真，这是时尚永葆生机的真谛。

香奈儿知道如何用一件衣服表达女性的向往和深藏的故事；如何让她们找到自己真正适合的服装，穿上它的瞬间便能大放异彩；如何让她们解放身体继而唤醒内心。香奈儿不仅改变了女性的穿着方式，更改变了她们的生活状态。

她曾告诫女性："你每天出门的时候，都要把自己打扮得非常完美，因为很有可能在街道拐弯的时候，你就碰上了今生最爱的那个人。"

这就是女人最优雅的姿态，从早到晚，从年轻到衰老，永远以最完美的样子出现。这不是为了取悦某个男人，而是一种自我追求。

事实证明，那些浮于表面的繁华，不切实际的美好，毫无内涵的漂亮只能如过眼云烟。那些夸张猎奇的服饰，天马行空的设计在初期的确赚足了眼球，但最终也只能是昙花一现。只有低调而又富有内涵、高贵而又不炫耀的时装才会成为经典。

香奈儿是真正幸运的人，她的事业如日中天，财富随之滚滚而来，而她也一直没有忘记"精神按摩"。

曾几何时，她渴望过上富裕的生活，拥有足够的金钱。但后来成为"欧洲最富有的女商人"的她，却觉得金钱索然无味。

她热爱财富，热爱美丽的外表，但她更倾心于富裕的内心，有深度的灵魂。

一直以来，她都是以颠覆传统的设计师、精明能干的商人出现在大众的视野，但她心里对"艺术家"的称谓更加青睐。

不管她如何坚强，如何自信，多年前曾被艺术圈拒之门外的场景仍旧历历在目，那于她是一次羞辱，是一种否定。

于是，她站在财富之中，更加超然物外。她开始频繁接触艺术，从诗词文学到音乐舞曲，从话剧到电影，从现实到荧幕，她常常于艺术中流连忘返。

她资助那些才华出众却穷困潦倒的诗人、艺术家，从他们身上学习艺术的精髓；她为那些经典的电影、芭蕾舞剧设计服装，和专业的演员、舞蹈家成为朋友；她成为知名的艺术赞助人，资助那些好的演出顺利上演。

所以，后来的她底气十足。她拥有了众多艺术家好友，并时常与他们把酒言欢；她从他们身上获得创作的灵感，赋予作品更丰富的内涵；她被尊重，被信任，被别人从心底里称作"艺术家"……

时尚和优雅是什么？是简单美好的表象和一株枝繁叶茂的心，是人格的独立，是服装的自由，是内心的自我解放……

这也是香奈儿，一个简简单单的女子，一个瘦弱坚强的女子，一个宁折不屈的女子，一个懂得如何装扮自己，也懂得如何优雅地转身，更懂得如何放手保全自己尊严的女子。

潮流易逝，风格永存

潮流稍纵即逝，风格经久不衰。

香奈儿说，我希望人们提起香奈儿，想到的不是潮流，而是一种风格，香奈儿风格。

平凡的人们往往容易被当下时兴的潮流吸引，却很难形成一种特定的风格，更不会创造属于自己的风格。

因为潮流的风向标时刻在变化，也许，就在你低头的那一瞬间，前一秒的时尚已被淘汰，换以完全不同的模样呈现。

"时装，要有风格。记住，时装在变，但风格延续。"这是香奈儿说过的话。而她也真真切切地做到了，她创造了属于自己的风格。

如果说，潮流是一幕幕精彩的电影，那么风格就是电影过后留在人们心中那一处无法消除的烙印。

时尚是短暂的潮流，风格是永恒的时尚。

香奈儿的风格是简单，是自由，是优雅，却也不仅仅如此。

当人们都盲目跟风、顺应潮流时，香奈儿早已开始创造并始终坚持自己的风格。

香奈儿总在做着与众不同的事情，她从不盲目跟风，也不轻易妥协。

在修女院时，别的孩子都会无条件地顺从命运的安排，虔诚地祷告以期获得美好的生活，而香奈儿从不服输，也不认命，更不相信所谓的祷告；在穆兰时，别的女工都寄希望于自己的工作，为此忍受辛苦和不平等的对待，而香奈儿却潇洒异常，不喜欢的事情坚决不做；贡比涅庄园时，同为情妇，别人都在享受不劳而获的奢靡生活，她却非要经济独立，开创自己的事业；当别人推崇华丽服饰时，她又反其道而行之，开创简约之风；当战争来临，别人纷纷躲避时，她却迎难而上，接连开设分店；她可以毫无忌惮地剪断自己的长发；她更是第一个开劳斯莱斯的女人……

香奈儿告诉人们：重要的不是风格的类型，是创造风格的精神，是坚持自我的意识。

不管是生活中还是事业上，不管是为人处世还是工作设计，香奈儿总会有着与众不同的想法，并且会将这样的想法付诸实践。她思想超前，她个性独立，她勇敢自信，她执着倔强，她特立独行……也许，正因如此，她注定是一个传奇的人，而当这些美好的品格融入设计中时，独有的无法被复制的香奈儿风格便出现了。

"我不是女性主义者，也不是思想家，但我用我的方式为女性同胞的解放进程做出了贡献。"香奈儿自信地说道。

从一顶帽子开始，她引领了新的潮流，也将香奈儿的风格第一次大张旗鼓地展现在了世界的面前。

但是，任何新生事物的诞生与发展都要经历刻骨铭心、千锤百炼的折磨与煎熬，时尚与风格也不例外。

帽子的改变大获成功，服装的颠覆却不容易。

香奈儿设计的宽松简约的服装在诞生初期，就受到了很多人的嘲讽和质疑。

这种挑战传统的服饰在时尚人士看来，不仅没有勾勒出女性的体态之美，反而掩盖了原有的身体曲线，除此之外廉价的泽西面料和简单的装饰品与工艺都使得衣服整体透着穷酸之相，毫无美感可言。

这么简单的样式，这么平直的线条，这么随意的设计，怎么能够被喜欢，怎么能够生存下去！

著名设计师保罗·普瓦雷甚至讽刺可可·香奈儿的衣服是"富贵中的贫贱，寒酸中的漂亮"。

设计师保罗·波烈评价香奈儿的服装："从前，女人都富有立体感，像艘船，非常华美，而现在，女人们仿佛是营养不良的电报打字员。"

他们如此评判香奈儿的原因正是，香奈儿的设计完全背离了当时的设计理念，颠覆了奢华高贵的风格。

他们极其认同时代潮流，并无条件地迎合和奉承。但香奈儿不一样，她从来不会去迎合别人，因为她只是她自己，也只做她自己。

面对铺天盖地的批判和非议，香奈儿并没有因此而放弃。她更加大胆地为自己的服饰进行宣传，穿着自己设计的时装骑马远足。她还主动"附和"那些专业人士的评判，为自己的服装起了个创意十足、异常叛逆的名字——"穷女郎"。

也许，正是香奈儿这样的个性与服装的特点相结合产生了惊人的视觉效果，女人们满怀着好奇之心开始张望，毕竟这样新奇的服饰之前从没有出现过。虽然她们也不敢轻举妄动，但只要一个人开始购买，就会产生多米诺骨牌效应。

那些无情地批判和嘲笑香奈儿的人根本无法相信，这样的"穷酸"服饰居然可以成为时尚的主流，受人追捧，席卷全球。

而在未来他们也依旧无法想象，这样简约的风格竟能定格为永远的时尚。

香奈儿以自己的独特审美和敏锐的时尚嗅觉开创了属于自己的风格，而更可贵的是，她始终如一。

潮流就是一场你追我赶的角逐，它总在不断地变化，不断地前行，从不会因为某一个人的退出而暂停。

香奈儿暂退时尚圈之时，潮流之风逐渐改变，曾经火热的香奈儿风尚竟成了"落伍"的代名词。

东山再起，卷土重来，香奈儿要重塑自己的辉煌。

人们都以为，她会顺应新的潮流，再次设计出令人惊叹的服饰。

然而，她依旧我行我素，坚守着自己的阵地，即使只有她自己，也不会就此投降。

因为她知道，那些夸张鲜艳的服饰再精致再华丽也不过是哗众取宠，经不住时间的考验，挨不过时代的更迭。

而事实也的确如此。

在经历了无数的大波大浪，无数的挑战对决之后，那些所谓的潮流都已经消失在远方，但香奈儿的风格却始终巍巍屹立，永远不倒。

所谓永远，便是超越了时间，比生命更永久的存在。

当香奈儿与世界告别之后，香奈儿的风格依旧没有消失。

不过，在很长一段时间内，香奈儿公司一直陷于原地踏步的尴尬境地，而卡尔·拉格斐的出现，使得这样的尴尬迅速结束，同时，也使得香奈儿风格有了更丰富的时尚元素。

卡尔·拉格斐在少年时期就对香奈儿十分敬佩和崇拜，他以香奈儿为榜样，立志要成为引领时尚风潮的顶尖设计师。

在经历一些曲折之后，他有幸进入了香奈儿公司。尽管那时香奈儿已离去，但他能够站在离她最近的地方，触摸她的作品，感受她的气息，延续她的风格，这于他而言就已足够。

对香奈儿的一切设计思想了然于胸之后，卡尔·拉格斐便开始了大刀阔斧的改造。

他将香奈儿的精髓部分完美提取，保留了优雅与简洁的基础风格，将运动、摇滚、地方风情、时代特色与之结合，并增加了一些鲜艳却不俗套的颜色，改良了裁剪与缝制的工艺手法，使得经典风格与现代风尚完美契合。香奈儿风格经过这一系列全新的改良和发展，被注入了更多的活力，在留住老顾客的同时，还吸引了大量新顾客。

不管是香奈儿还是卡尔·拉格斐，他们都始终坚信"香奈儿风格"的神奇魔力。不管是创新还是超越，不管是改变还是颠覆，他们始终以"简约优雅"为根本。

不管是极简的黑与白还是如今艳丽的色彩，不管是休闲针织衫，还是运动装，又或者礼服，香奈儿风格始终如一，保持着"简约优雅"的格调。

如今，香奈儿的时尚依然引领着全球。当一种风格经历了时代的变迁，岁月的流逝，能够在不断的演变过程中幻化出新鲜的元素，却依旧保持着最初的模样，那它就是永恒的存在。

潮流稍纵即逝，风格经久不衰。

另辟蹊径来自男人的灵感

如果说，香奈儿是一杯烈酒，品尝过她的人都会沉醉着迷，那么香奈儿所喜欢的男人们就是一本本厚重的典籍，阅读了他们，香奈儿的才情得以升华，更多的灵感得以迸发。

翻开香奈儿的一生，"每一个情人都是一所学校"这句话又一次得到了完美的印证。香奈儿仿佛一个专注的学生，在每一份爱情中她都在孜孜不倦地观察、学习和思考。

香奈儿的一生都在恋爱，也从未对爱情失去期盼。她想有一个稳定的归宿，令人意想不到的是这样简单的愿望放在香奈儿身上却成了不切实际的奢求，而她终其一生也未得到一份永久的爱。

爱情对于很多女人来讲，是生活的必需品，不是生命却胜似生命。她们为了爱情甘做扑火的飞蛾，也愿意为了爱情放弃一切。但香奈儿不同，她渴望爱情，但她不会因爱情而迷失自己，也不会让爱情支配自己的人生。爱情之于她，绝非必需品，拥有了爱情，生活明媚，岁月静好，没有了爱情，一切也会如期进行。

香奈儿拥有一颗强大的内心，足以融化所有的爱恨情仇。

恋爱时，香奈儿在享受爱情的同时，也会从情人身上撷取生活和创作的灵感。

她的爱人有浪荡花心的公子哥，有沉稳内敛的商人，有穷困潦倒的诗人，有流亡在外的沙皇贵族，亦有挺拔迷人的英国首富。

那些与香奈儿携手并进、情话绵绵的男人们带她走出社会底层的泥沼，跻身上流社会；带她走进文学的世界，感受艺术的熏陶；带她闯入先锋时尚圈……他们之于她更像是引路人，从贫困到富有，从低谷到辉煌，一幕幕一段段……

1906年，彼时的香奈儿还在维希追逐她的歌星之梦时，她与艾德里安就已开始穿自己所设计的衣服了。香奈儿穿的是西装面料的吊带裙，上身套了一个开襟上衣。她将口子系得严严实实的，没有一点女性的妩媚，反倒透露着随性之美。

香奈儿在那时就已经钟爱那样简单轻便的服饰，偏爱自由中性的风格，但她的设计也仅仅为自己和艾德里安服务而已。

在艾蒂安·巴勒松的赛马场上，香奈儿的灵感才被真正地激发，从帽子到服饰，她都让女性能从烦琐和沉闷中解放出来，还身体也还灵魂一个自由。

香奈儿的第一个情人巴勒松激发了她独立女性的顿悟，也激发了她在设计上的最初灵感，更教会了她精湛绝伦的马术。

而当香奈儿遇到了亚瑟·卡佩尔之后，她不仅学会了如何生活，也获得了更多用于服装设计的灵感。

有一天香奈儿打开了亚瑟·卡佩尔的衣橱，一件件宽松的针织衫和运动装映入了她的眼帘，香奈儿不禁感叹道："为什么女人不能像男人一样穿这样宽松的衣服呢？为什么女人要穿着束胸衣，束身腰带，拖着笨重的裙摆，忍受着如此酷刑？"

但是该如何表达自己对服饰的想法呢？此时尚且没有服装设计经验的香奈儿陷入了毫无头绪的思考之中。

一次偶然的机会，香奈儿深藏已久的灵感瞬间被激发了出来。

那天，香奈儿在外面观看亚瑟·卡佩尔打马球，由于温度骤然下降，她便随手将亚瑟·卡佩尔的马球衫套在了身上。身材瘦削的她显然撑不起这宽大的男人服饰，于是她突发奇想，用腰带将腰部随性地束了起来。

就是这样简单随意的搭配，却带来了不一样的效果，香奈儿觉得整个人瞬间变得潇洒起来，别有一番迷人的气质。很快，这种装扮在她的朋友间流行起来，一时间竟演变成了一种时尚。

她曾穿着艾蒂安·巴勒松的衬衫潇洒地跨上马背，也曾戴着亚瑟·卡佩尔的礼帽陪他出入各种宴会，后来她又从恋人的服饰上找到灵感，制作出能够使得女性身体重获自由却又不失美感的衣服。

于是，宽松的女士衬衫诞生了，下摆随意地垂下，袖子领口没有任何的修饰和花边，与此同时，香奈儿还推出了直筒裙与之搭配。

在这之后，灵感被激发的香奈儿又接连推出了著名的"香奈儿露膝裙"，将拖地裙摆缩短至膝盖，穿起来简便而利索；裤脚宽大的喇叭裤，拉长了女性双腿的线条，喇叭形状更加修饰腿型；线条简单流畅的连衣裙、短款风衣、阔条运动裤、简式礼服、吊带丝绒裙……

当然，亚瑟·卡佩尔带给香奈儿的灵感远不止这些，最经典的莫过于小黑裙。

香奈儿说，没有法律规定女人就得穿束胸紧身的服装，而那优雅神秘的小黑裙亦开创了新的时尚，成为传世经典。

一个男人的离开，另一个男人的到来，改变的是爱情的故事，不改的是灵感的迸发。

伊甸庄园管家的日记中，曾记录了这样一件趣事：1927年春天，万物复苏之时，庄园里来了一位美丽而特别的小姐。她趁着一位男仆做家务之际，竟悄悄借走了他的背心，并穿在了自己的身上。她用层叠的珍珠项链搭配那件毫无特色的男士T恤，看起来有些怪异，但是很迷人。

伊甸庄园便是本德尔公爵的府邸。他与香奈儿坠入爱河之时，曾邀请她来此常住。

在伊甸庄园，香奈儿过了一段岁月静好的时光。

她随意地穿着自己想穿的任何服饰，只要她喜欢，就会穿在身上。时间一长，大家也就不再感到奇怪，反而沉迷于香奈儿混搭的时尚中，惊叹她的创意，称赞她的勇敢和自信。

后来，香奈儿也不再满足于仅自己穿这样的衣服，她邀请维拉和一些朋友来庄园小聚。用完餐，喝完茶，她们便从上到下都换上了公爵的衣服，她们在花园里笑着闹着，旁若无人。香奈儿还戴上了某天从"飞云号"某位船员身上借来的帽子，这样一身中性十足的搭配，让香奈儿看起来充满阳刚之气和干练的气息。

管家只知道这个小姐很特别，她的穿着很奇怪，也许她只是爱玩。但他不知道的是，香奈儿正是从包括本德尔公爵在内的英国男士服装中汲取了灵感，设计出了比肩"小黑裙"的经典"香奈儿英伦风"系列服装。

她用苏格兰斜纹软呢（公爵西装面料）为原料，配合复杂的工艺与精致的镶边，设计出了干练的女性套装，其优雅、率性、时尚的风格受到了名媛淑女与独立女性的宠爱，而现今流行的"小香风"系列也正是向这个系列致敬。

香奈儿热衷于追寻爱情，但她更忠于自己的事业。于她而言，男人可以带给她爱的美好，亦可以给她带来无尽的灵感源泉。

在与本德尔公爵的恋爱之前，香奈儿还遇到了诗人比艾·列维迪，这一次她内心关于文学创作的灵感被毫无保留地激发了出来。

从1924年秋天开始，香奈儿就陆续收到了各大杂志的邀请，希望她能够发表自己的文章。法国的《新奢侈》杂志、法国版《VOGUE》杂志，还有美国一些报纸，也在不久之后刊登了香奈儿的文章。

令人们惊奇的是，香奈儿不仅在设计上颇具造诣，在文学创作上竟也显露出绝妙的才情。她写道：生活不曾取悦于我，而我创造了自己的生活；与其在意别人的背弃和丑恶，不如经营自己的尊严和美好……掩饰自己是迷人的，而伪装自己却是悲哀的……

或许是坎坷而丰富的经历使她有感而发，或许是一段段相恋无果的爱情让她深有感悟，但不可否认的是，比艾·列维迪在这之中起到了至关重要的作用。

这个比香奈儿小5岁的落魄才子用自己的才华与魅力，走进了香奈儿的感情世界，并引领她走上文学之路，让她有了不一样的生命体验。

彼时的香奈儿已然是艺术家中的一员，毕加索称她是最有灵气的女人，报纸和杂志也从她的设计和财富谈到她的艺术……

除此之外，还有流亡的俄国贵族狄米崔·帕富洛维奇。从他身上香奈儿更是获得了很多灵感，包括独具俄罗斯风情的花呢套装和令人神往的"俄罗斯皮革"……

爱情不是生活的全部，但它可以点缀生活，亦可以丰富人生。

香奈儿是爱情的追随者，她享受爱情，渴望爱情，同时她又懂得从爱情中学习和获得。

特立独行的山茶花

　　玫瑰娇艳，百合高雅，雪梅刚正，茉莉清纯……它们都有着不一样的品格，静静矗立在枝头，像一个个纯洁美好的女子，诉说着关于光阴和爱情的故事。

　　香奈儿却独独偏爱那一株山茶。

　　香奈儿对山茶花的情愫从在青春年少时萌生进而萦绕了她一生的时光。

　　有生之年，香奈儿第一次见到山茶花是在奥巴辛修女院。肃穆的高墙之下，清冷的环境之中，山茶花吐露出它的芬芳，而那一缕清香在香奈儿的心头迟迟未散。

　　成年后，在贡比涅庄园之时，香奈儿因一次偶然的机会观看了《茶花女》，从那时起，山茶花纯洁无瑕的形象就已深深扎根于香奈儿的心里。

　　当时，艾德里安正在热恋之中，她跟随情人内克松移居巴黎。香奈儿去巴黎参加赛马会，便顺道看望了久未见面的小姑姑。

　　尽管内克松的家人不同意两人的婚事，但是内克松更加爱护艾德里安，对她关心备至，小心呵护。只身一人的香奈儿看到两人恩爱的样子不免心生失落之感，她找了个借口出来，一个人在大街上漫无目的地走着。

　　突然，法兰西大剧院门口《茶花女》的海报映入了香奈儿的眼帘。

　　音乐剧《茶花女》改编自小仲马的小说，讲述了一段缠绵悱恻的虐恋：

　　从乡下到巴黎来谋生的美丽女孩玛格丽特是一名高级交际花，尽管如此，她仍旧是纯洁的化身。她时常在头上簪着一枝山茶花，因此人们都叫她"茶花女"。她虽然身在肮脏龌龊的风月场所，但是她的灵魂却依旧高雅纯净。她的美貌令无数的男人神魂颠倒，不惜为她花费重金，但是她一点都不快乐，直到一个叫阿尔芒的年轻人出现。他不仅爱她的容貌，更爱她的灵魂，他知道她的痛苦，知道她的悲伤，也知道她的期望。

为了她，他可以付出一切，包括自己的生命。

然而，有情人总被命运捉弄，阿尔芒的家人极力阻挠，而他们也因为诸多的误解和矛盾渐渐疏远。

故事的最后，茶花女死于肺痨，音乐剧以悲剧收场。

在玛格丽特的坟前，阿尔芒摆满了山茶花，用那一抹纯净的白祭奠他们随风而去的爱情。

萨拉·贝纳尔饰演的玛格丽特，完美地诠释了这个角色，香奈儿一时间心潮起伏，思绪万千。

灯光熄灭、帷幕落下时，香奈儿掩面痛哭，爱情的伟大和现实的残酷深深地触动了香奈儿心中最柔软的地方。

这部舞台剧深刻地印在了香奈儿的记忆里，直到晚年同朋友谈起时，她还从头哭到尾，用颤抖的声音说："那个可怜的茶花女就是我的一生。"

而年轻的香奈儿还只是感叹茶花女的命运多舛，感叹人生如梦，一方小小的舞台便演尽了世间的悲欢离合，爱恨情仇。

香奈儿静静地思索着，自己的一生会怎样度过……

从那时起山茶花就已经融入了香奈儿的生命中，一直伴随着她老去。

后来，香奈儿最爱的亚瑟·卡佩尔送给她的第一束花亦是山茶花。

亚瑟·卡佩尔离开后，山茶花在香奈儿心中成了爱情永恒的化身，承载着她对爱人最真挚最热烈的不念。

它素雅清新却又不失尊贵，它洁白无瑕透露着庄严之美。它就是山茶花，亦是香奈儿，更是一种精神的象征。

山茶花一度以这样的姿态出现在香奈儿的作品中，见证了她的起伏兴衰。

自然界中的山茶花随着四季的轮回重复着盛开、凋败的命运，而在香奈儿的时尚王国里它始终以绽放的姿态静立，永远不败。

1931年，香奈儿将山茶花点缀在了腰带上，这也是山茶花首次在香奈儿的时装中出现。

此后，在香奈儿的作品中，山茶花的身影随处可见，大到针织衫的装饰，小到纽扣的花纹。到1930年，人们惊喜地发现，在小黑裙的裙摆上有那么一抹洁白的丽影随着微风的吹拂而轻快地摇摆着。

在香奈儿的手中，山茶花从最初的一小枝，转变为大朵的白色花卉，进而成簇成群。这种来自东方的神秘花卉俘获了香奈儿的心，在与它的亲密接触的过程中，香奈儿也越来越喜欢它，越来越需要它。

在香奈儿的眼中，它是如此的与众不同。它是一朵蕴含着爱与恋的芬芳，是一捧炽烈的雪，是一个内敛却不羁的灵魂，它不攀不附，不蔓不枝，经得起繁华的诱惑，也受得住寂寞的煎熬，即使只留它一朵孤独地飘零在冷风中，它亦可以绽放得自由、烂漫而绚丽……

1960年，香奈儿更加热衷于将山茶花运用在自己涉足的每一个领域：服装、首饰、钻石、装饰品……朵朵至美无瑕的山茶花开始肆意盛开在香奈儿的作品中，征服了无数女人的心，也成了香奈儿的标志和精神象征。

如果说，"5号"是香奈儿的幸运号码，那么"山茶花"亦是她的幸运之花。

在康鹏街31号3楼，香奈儿的个人寓所内摆满了乌木漆面屏风，那是卡佩尔留给她的。从卡佩尔去世一直到香奈儿老去，这些屏风跟随着香奈儿辗转各处不曾分离。

这些来自东方的古老屏风给予了香奈儿别样的灵感，于是便诞生了以"Coromandel 东方屏风"为名的设计。

香奈儿邀请世界顶尖的手工艺匠来打造"香奈儿腕表"，经过半年多的时间，10个不同主题的腕表相继问世，这是一次东方与西方的结合，是一场深邃与热烈的共舞。香奈儿感受到了中西结合的微妙与魅力，她用独特的方式表达了自己的东方情怀。

2013年，这款蕴藏着东西方之美的腕表，获得了日内瓦高级钟表大赛"最佳艺术成就"奖，那朵朵绽放在表盘里的山茶花仿佛香奈儿一般，明艳如初，光彩照人。

至于香奈儿的钻石珠宝，从其诞生之日，山茶花就作为其中一个重要系列出现在展示柜中。圆形的花瓣有规律地排列开来，呈现出一种极致的美。这种规整的姿态无须调整便可应用到珠宝的设计中，但香奈儿担心太过单一，便以此为基础进行了不同的改造，最终设计出一系列唯美浪漫的珠宝作品。

精心雕琢的花瓣状钻石，细腻的镂空波浪形纹路，五颜六色的简约花朵，在光与影的映射下变幻莫测，神秘生动，勾起了人们强烈的购买欲望，吸引着无数女人的目光。

这是山茶花的魅力，亦是香奈儿的魅力。

而香奈儿在出席各种场合时也会佩戴上自己的山茶花系列作品，或是胸针，或是发饰，或是耳环，或是刺绣的手帕，或是带花纹的蕾丝，总之山茶花成了香奈儿生活中必不可少的东西，成了她的标志。

渐渐地，香奈儿不再满足于将山茶花变化为装饰和点缀。她要让女人们真正地拥有它，将它融入身体，渗入肌肤，切身地感受它的柔软和细腻。

于是，香奈儿在护肤品领域做了一次大胆的创新，成功打造了"香奈儿山茶花保湿系列"，将山茶花的精华注入了化妆品中。

香奈儿希望女人能够真正如花般娇嫩。

当洁白的乳液缓缓流入掌心的那一刻，你就会感受到山茶花的与众不同，细腻柔和，饱满丰润，花香扑鼻，触感丝滑。

山茶花与乳液相结合，这仅仅是一个开始。此后，香奈儿便把这一元素成功运用在了唇膏上，女人的嘴唇柔软而性感，若以花香花色渲染，那将别有一番韵味。

2007年，在香奈儿秋季系列的发布会上，四色山茶花系列唇膏成功吸引了大众的眼球。简洁深邃的黑色方盒内，绽放着四朵形状相同、颜色各异的山茶花：玫瑰白、玫瑰棕、深邃红、蜜桃粉。

这一创意性的设计，诠释了山茶花独树一帜的高雅情调，给人们视觉享受的同时更带来了美的体验。

时至今日，虽然香奈儿的身影已然消失在时代的幕布中，但是她与山茶花的情缘并未中断，香奈儿品牌依然在生产大量山茶花系列产品销往世界各地。

透过那一株倔强的山茶，人们似乎看到了香奈儿的身影。是的，她从未真正离开，而她的故事未完，待续……

第十章

时尚路上永远年轻的灵魂

传奇背后的女子

梦想是什么？一百个人也许有一百种答案。

有人说，梦想是茫茫海面上一座孤独的灯塔；有人说，梦想是在冰冷的世间最温暖的依靠；也有人说，梦想是对美好的憧憬，对所有的一切都充满希望……

是的，梦想是神圣的，充满未知的力量和无限的魔力。

每个人跟每个人的梦想都有所不同，但香奈儿的梦想却是全世界女人的梦想。

在塑造女性魅力的这条道路上，她是那样的不知疲倦，不知辛苦。

在女帽领域有所成就的她，转而对传统服装发起挑战，而占据了时装界的权威地位之后，又马不停蹄地向珠宝钻石、鞋履手包、香水护肤领域进军。

她将女性的爱美之梦营造得越来越丰满，越来越华丽。

香奈儿这样的个性亦是女性们所喜爱的，因为在美丽和时尚这方面女性向来是不容易满足的，她们善变而贪心，喜好攀比，嫉妒心强。

有了服装之后，她们开始注重配饰，用怎样的包包搭配，戴怎样的首饰衬托，穿什么样的鞋子合适，喷哪种香水更迷人。这一切都是女性十分关注的问题。

而香奈儿总能用她敏锐的洞察力及时发现女性的现实需求，进而不遗余力地满足他们，实现她们越来越复杂的爱美之梦。

她将自己交给了时尚事业，也选择了与相夫教子的平淡生活背道而驰。比起家庭主妇般的安逸，她更享受事业上带给她的疯狂和成就感。

她在不同的领域创造了不同的传奇，而她本人对其他女性来说更是像神话般遥不可及的存在。她的绝妙灵感，她的不凡创意，她的不辞辛苦在人们看来都是理所当然——因为她是神，所以必须无所不能。

但是，传奇背后的女人也只是一个普通人。她之所以痴迷事业，不停工作，不是因为她真的不会累，而是因为一旦停下来，人生的遗憾，生命的空虚，一个人的孤独都会一起向她涌来。

曾几何时，门前的路灯下，她望着甜蜜的一家三口从眼前走过，久久回不过神。这最简单的幸福已让她泪眼婆娑，可望而不可即。

抛去一切的光环和传奇色彩，她只不过是一个追寻幸福而不得的女人。

她只好将生活中的不如意和悲痛，转换为事业上的动力。

1953年7月19日，是香奈儿70岁的日子。然而她从不惧怕年龄，年龄对于她来说不过是一串逐年叠加的数字，她永远像20岁一样青春靓丽。

她说："在你20岁时，你拥有一张大自然给你的脸庞；30岁时，岁月和生命会再次塑造你的容颜；50岁时，你会得到一张你应得的脸。"

虽然，她在意容貌，但她也明白岁月的流逝不可阻挡。

对她而言，只要工作，就会年轻。

于是，在年过古稀的某一天，她又从安逸的生活中走出来，奔向了自己的事业。

她对事业有着绝对的忠诚和热忱。传奇的背后，是一个女人无私的付出和拼命的工作。

她拥有巨额财产，成群的仆人，成套的别墅，扬名世界的声望。她完全可以选择周游世界，或者在洛桑安然养老，过上所有人羡慕的生活，但她还是一如既往走进了工作室，选择继续操劳。

工作时，她通常会穿一袭黑衣或者白色套装，指间夹着一支烟，眉头微蹙，眼神如炬，深邃肃穆中散发着不容置疑的王者气势。

香奈儿模特之一的马格·麦金泰尔曾回忆起香奈儿工作时的状态："只要她一出现在工作室，就摆开全力以赴工作的架势，对一件衣服进行创意剪裁，而这个过程中，任何人不能随便离开。"

著名作家科莱特夫人也曾在她1932年出版的《天堂与地狱》中生动描写了年轻时候香奈儿的工作状态。

那时候，充满活力的香奈儿被科莱特夫人比作一头倔强的小黑牛，她有着花岗岩般的瞳仁，对时尚和人心洞若观火。她勇往直前，是一个十足的征服者，将阶级和地位狠狠地踩在脚下，果敢、坚毅、霸道……

书中写道：她站在一片柔软的混乱中，即使世界崩塌，也不会发出任何声响。香奈儿不仅十指并用，指甲、手背和掌心也不曾有半刻清闲，时而剪刀，时而别针……在热爱工作面前，她真切又谦逊，弯腰跪坐，日复一日……

从青春到暮年，她也的确一直延续这样的工作状态。

她亲自挑选模特，按照她一贯的要求，身材瘦削、气质独特，有教养，有内涵。"女人掌控不了自己的体重，何以掌控人生？"这是香奈儿常给模特说的一句话。

她设计制作衣服依旧在模特身上完成，飞针走线，剪长补短，一件出自香奈儿之手的衣服就这样完成了，但她总是不满意，直到模特上台前一刻还在修改。

她说："我不习惯在纸上画设计稿，因为我一直在修改，不到最后一刻，我自己也不知道会呈现什么样的效果。"

　　连续工作六七个小时，年轻的模特都有些熬不住，纷纷坐在椅子上休息。而香奈儿一工作起来似乎就不会感到劳累，依然精神饱满地在修改。看到模特们无精打采，她会骤然提高音量："你们这就累了？那可不行，香奈儿女装可不是让你们穿着休息的，快！动起来！"

　　人们都说做香奈儿的模特无比荣幸和光彩，却也辛苦。

　　不仅模特，只要是穿上香奈儿衣服的人，香奈儿都希望她以最佳状态呈现出衣服的魅力，因为她不容有瑕疵，追求极致完美是她不变的个性。

　　香奈儿与好莱坞合作时，曾给著名影星葛洛丽亚·斯旺森设计戏服，她曾是最佳票房的保持者。

　　她远渡重洋来到巴黎，却遭到了香奈儿的嫌弃，因为她的身材不够纤细，掩盖了服装本身该有的线条。

　　香奈儿让她先减掉几斤，再来试穿。

　　而后，斯旺森却把香奈儿的嘱托抛在了脑后，跟随情人出国游玩，回来时还意外怀孕，体重未减反增，并且她还打算保住自己的孩子。

　　她穿上紧身衣再次去了香奈儿的工作室，试装时香奈儿大发雷霆："你没有权利在几次试装的过程中随意使体重有如此大的波动，你也没有权利破坏裙子的线条美。"

　　香奈儿十分强硬地命令她立刻减肥，斯旺森不得已说出了怀孕的事实，并央求她不要告诉导演。

　　在服装上从不妥协的香奈儿有些动摇了，但她还是不会任由他人破坏衣服的美感。最后，香奈儿为斯旺森专门设计了一套束腹装，既能勾勒出曲线，又不至于伤到胎儿。

　　香奈儿就是如此，对待工作和设计有着自己的要求。这不是死板也不是苛刻，而是一种认真和负责。

也正是这样的工作态度，使得香奈儿的作品不断创新，不断趋于完美。

工作中的香奈儿就是霸道的女王，拥有着不可侵犯的威严；生活中的她，没有了爱情就会被孤独侵蚀，一如童年那个小女孩。

她说，她这一生除去身外之物，剩下的不过是一段无限延展的童年。

她不再贫穷，也不再流浪，但不管走到哪儿，不管是什么身份，她的身体里依然住着一个孤傲倔强的灵魂。

她讨厌卑躬屈膝和束缚。她只按照自己的意愿做事，也只按照自己的想法而活。从另一方面讲，她比很多人都活得轻松，因为她把所有的精力都放在自己的生活、工作上，而非关注别人的看法上，这也是她活得精彩的原因之一。

所以，不管到多少岁，她依然有个年轻的心态。即使岁月在她的脸上留下了沟沟壑壑，她的内心始终光洁如初。

当快80岁的她喷上自己新款的香水走在街上被男人拦住时，她也并不觉得是不尊重或者戏谑，而是依然保持着享受的心态：到了这个年纪，还能在大街上被男人拦住，可不是一件坏事。

传奇背后的女人，有着瘦弱的身体和强大的内心，孤独的生活和辉煌的事业，惨淡的出身和桀骜的一生，美丽却易逝的容颜和不羁而永远年轻的灵魂。

茫茫星河，香奈儿也许就是那其中的一颗，她用自身的光芒照亮了一角天地，即使陨落，也留下了辉煌的过往。

故事里的可可

曾经叱咤风云的女王逐渐老去——她的皮肤不再光滑，她的鼻孔变大，她的眉毛弯成夸张的弓形，她的头发也不再黝黑。

香奈儿已经真正步入老年，尽管她的内心依旧如少女，但她却无法阻止容颜的衰老。

如果用故事将香奈儿包裹，那么神话是不是就会永不衰落？

康鹏街络绎不绝的客人当中，就有那么一群人，是向香奈儿要故事的，要一段足够吸人眼球、动人心扉的故事。

1963年，百老汇制片人弗雷德里克·布瑞森来到了康鹏街。他拜访了香奈儿，用亲切流利的法语问候她，并诚恳地请求道："香奈儿小姐，希望您能实现我一个私人的愿望，为伟大的可可·香奈儿量身定制一部音乐剧。"

音乐剧的剧本编写者是《窈窕淑女》的作者艾伦·杰森·勒那，服装与海报设计由塞西尔·比顿负责，奥斯卡影后赫本小姐担任女主角……

斥资巨大，班底过硬。

一切好像都是无法拒绝的诱惑，但香奈儿还是拒绝了，这已不是她第一次拒绝这样的邀约了。

在此之前，有太多的人为此事登门而来，香奈儿毫无例外一律拒绝。

她态度强硬而决绝，那些碰了一鼻子灰的导演们一面气急败坏地说着香奈儿的坏话，一面又不得不一次次耐心和她交谈，企图说服她。

布瑞森也是其中之一。他早就盯上了香奈儿，并且在香奈儿没有点头同意之前，他就开始拉赞助，在所有人都被香奈儿的决绝打败的时候，他还在坚持着。

而这一次，尽管他没有成功说服香奈儿，但是却有了意外的收获。

多年来，世界各地的人们都希望能够看到香奈儿的传奇故事活跃在舞台上，呈现在荧幕前，但香奈儿似乎对此事并不热衷。

也许，她不想将自己的一生赤裸裸地摆在世人的面前，任凭他们评头论足，添油加醋。

也许，她不想将自己始终掩盖的身世和少年的经历公之于众。

也许，她害怕可可·香奈儿的形象会沾染上一些抹不掉的污点。

不管是出于什么样的原因，香奈儿顾虑重重，对此事有着无法改变的执拗。

但是布瑞森却察觉到，香奈儿似乎并不排斥，她只是有些紧张和害怕。

所以，布瑞森没有放弃，而是一直在努力寻找时机以说服香奈儿。

他让参与音乐剧制作的人与香奈儿频繁接触，为她拍摄时尚大片，在康鹏街为她演奏优美的乐章，按照她的要求不断修改剧本，和妻子一起邀请她参加聚会……

但香奈儿始终没有松口，布瑞森也渐渐有些泄气了，开始和很多人抱有同样的想法：香奈儿真是越老越顽固。

这时，与香奈儿相处过一段时间的布瑞森的妻子为丈夫出了个好主意：亲爱的，你要顺着她的意思，不要再劝她，而要让她真正感觉到故事的美好。事实上，最开始的时候，布瑞森是希望自己的演员妻子能够担任音乐剧的主角，不过因为妻子身体的原因，他物色了新的人选。

布瑞森仔细思考了妻子的话，第二天又去了康鹏街。

这一次，他没有用千篇一律的客套话劝说香奈儿，而是将音乐剧温暖的开局讲给她听：摇曳的烛光下，温暖的壁炉前，一个温婉贤淑的女子轻轻哼唱着摇篮曲，可爱的婴儿轻轻地闭上了眼。一个高大俊朗的男子走过来，为爱人抚了抚秀发，又在婴儿额间留下深深一吻，场面温馨而美好。

　　而这正是香奈儿自己所设计的开局，在现实生活中的遗憾，她想在故事中补全。

　　显然，香奈儿有些心动了。

　　她开始问，扮演可可的是哪个赫本。她心里所想是奥黛丽·赫本，年轻而美丽的她可以将自己与卡佩尔的缠绵爱恋生动地演绎出来。

　　布瑞森告诉她："是凯瑟琳·赫本。"

　　"那她有些老了。"香奈儿眼神暗淡了下去，"不过，她可以重塑我轰轰烈烈东山再起的过程。"她又有些兴奋。

　　香奈儿动摇了，却还是没给布瑞森一句痛快话，而真正的转机出现是凯瑟琳·赫本的到来。

　　早在香奈儿好莱坞之行时，两人就已相识。

　　当时，凯瑟琳还是初出茅庐的小明星，而香奈儿已是著名的设计师。但是，在宴会上香奈儿对其他明星毫无兴趣，唯独对凯瑟琳另眼相看，并预言她前途无量。

　　而如今，预言成真，凯瑟琳已是好莱坞著名的电影明星，也是奥斯卡影后的得主。尽管如此，说到要去见香奈儿，她的心还是和多年前一样紧张。

　　好在香奈儿见到她如故友重逢，一句"凯特，好久不见"，迅速将她的不安消除殆尽。

　　在香奈儿眼里，当初那个钟爱毛衣与裤装、桀骜不驯的女子，并未有什么改变，从她身上，香奈儿仿佛看到了自己。

　　审视过将要扮演自己的人，香奈儿放下了悬着的心。1967年，她终于答应了布瑞森的请求。

　　音乐剧正式进入筹备阶段，并在香奈儿的应允下取名为《可可》，并且将她最忌讳的前半生悉数剪掉，只留下后半生的人生经历。

但此时香奈儿的身体愈发不如从前，尽管她从不愿承认，她是真的老了。

她的睡眠质量变得越来越差，有时候不得不借助电视打发时间以使自己尽快入睡。尽管她的身边有管家和女仆的陪伴，但是在他们离去后的孤冷夜里，香奈儿还是会猛地惊醒，随后辗转难眠。这样持续了一段日子，香奈儿的情况似乎有所好转，但她没有想到的是，更严重的症状出现了。

一天凌晨，丽兹酒店的工作人员发现香奈儿穿着她的日常装在走廊里匆忙地走着，仿佛听不见任何声音。过了一会儿，他们才发现，香奈儿正处于梦游状态。从那个时候，她的梦游症愈发严重了，甚至每天半夜都会突然爬起来洗手，或是剪裁衣服……

两年后的冬天，音乐剧《可可》制作完毕，正式登陆百老汇。仅演出服装就高达200多套，而模特的服装则全部来源于香奈儿公司。

《可可》的开演受到了大众的追捧，他们高呼着香奈儿的名字，对凯瑟琳的演技津津乐道。仅半个月的时间，一百多万张票就被抢售一空。

不过，这部剧在受到欢迎的同时也饱受争议。

从演员到服装，从情节到设计，从乐曲到舞台布景，主流杂志和媒体都给予了略带批判式的评价。

"香奈儿的生活绝不会如此平淡。"

"香奈儿的服装是这样吗？像廉价的快餐鱼罐头。"

……

但是，所有的好评也罢，恶评也好，都是一面之词，也许香奈儿一生的传奇远比所有的故事都精彩，所以人们太过期望，也就容易失望。

别的不说，凯瑟琳对于香奈儿人物个性的拿捏的确有可圈可点之处，有那么几个瞬间，她似乎就是香奈儿。

香奈儿的故事，凯瑟琳的演绎，故事中的人，人背后的故事，交织缠绕，如真似梦。

一个已经受不住岁月的摧残，另一个也即将步入暮年。但是她们却是一样的睿智，一样的桀骜，一样的崇尚自由，一样的不惧年龄，一样的无畏衰老，一样的热爱生活和工作。

她们是寒冬中的傲梅，是峭壁上的雪松，无所畏惧，笑看风霜。

然而即便一腔热血，也无法获得岁月饶恕，抵挡疾病缠身。

香奈儿又患上了严重的风湿和关节炎，大把大把苦涩的药片占据了她的生活。但她从不去看医生：她为自己的衰老感到羞耻，更不愿意在别人面前显示她的软弱。

偶尔，她还是会通过拼命工作来麻痹自己，逃避病痛，然而一切都是徒劳。

《可可》首演之前，她曾说自己一定会去捧场。然而，一场突如其来的中风轻易就击倒了她，这一次，她不得不住院。

三个月后，香奈儿出院了。春天的气息遍布了整个巴黎，香奈儿的心情也跟着愉悦起来——她中风的右臂恢复了知觉。在医院门口，她坐上自己的车，用不容置疑的口吻说："去康鹏街。"

一回到工作室，她就立马开始裁剪和缝制衣服，口中还念念有词："感谢上帝，我还可以拿起剪刀。"

是的，尽管她已经可以活在故事里，不生不灭，但她依旧放不下自己的事业。

她在病床上的时候，没有一刻不觉得自己是一只待宰的羔羊，而她最讨厌这种无助的感觉。

这就是香奈儿，她可以享受功成名就，也可以忍受寂寞孤单，她无所畏惧，也甘于辛苦，但她却害怕无聊，讨厌休息。她宁愿别人说她是一个老顽固，也不愿在人前显露自己柔弱的一面。

一个可怜的女人，一个偏执的天才。

美丽的再见

这一年，香奈儿已经超过了80岁。

她无儿无女，孑然一身，人们仍旧称她"香奈儿小姐"。

时光匆匆，辗转即逝。

在瑞士独居之时，香奈儿就已察觉到衰老匆匆而来的脚步，而今，它已经停在了香奈儿的脸上、手上乃至全身。

暮色渐浓，天色已晚。香奈儿的仆人席琳请求她早些下班，但她却抗争道："若有一天，我真的觉得自己老了，我自然会躺在床上，老老实实地休息。但现在，生活和工作的魅力始终吸引着我，而我也热爱它们。"

晚年的香奈儿一直居住在丽兹酒店。这里皇室般的服务，豪华的摆设，无一不彰显着尊贵的身份和地位；这里是她的另一个工作室，她要创作，要设计；这里亦是她的家，陈列着她几十年来的珍玩收藏，有她的贴身女仆，也有她年轻时的气息……

一个人住在丽兹酒店，亲人、朋友、爱人早已逐渐退场，空留她一人黯然神伤。

1950年，香奈儿的挚友米希亚告别了世界，香奈儿亲自为她梳妆，换上了多年以前两人喜欢的白裙子。

这之后，香奈儿的知己好友便像约定好了，纷纷离她而去。

狄米崔大公在他50岁之际因肺结核去世；巴勒松在1953年于车祸中丧生，一如卡佩尔离去的场景；同年，本德尔公爵抛下了他的第四任妻子，被冠状动脉血栓夺去了性命，至死他也未能如愿以偿生下一个男孩；1954年，维拉已然香消玉殒，于罗马去世；1960年，诗人列维迪在所莱姆的修道院中闭上了双眼，他睥睨繁华奢靡，最终憩于沉静乐土；三年之后，香奈儿的另一个作家朋友考克托也停下了他写作的手；1965年，丘吉尔首相的国葬隆重举行，香奈儿从电视上送别了好友最后一程……

一次又一次，香奈儿承受着友人离去的悲痛。

到了这个年纪，活着已是幸运，却也是折磨。

她没有儿孙承欢膝下，也没有友人环于左右。但她却能终其一生为最爱的事业而奋斗，迎战对手，所向披靡。

她这一生不曾嫁人，却嫁给了自己的事业，坚定决绝，至死不悔。

她说，总之，在有生之年，我不会休息，没有任何事情能比休息更让我劳累和不快。

而她也的确是这样做的，在她87岁高龄时，她还学吉他，练习因中风而不太灵活的手指。

就像年轻时候一样，周一到周五，她会一直待在康鹏街的工作室里，当然也会加班，但不会像之前那样频繁，因为她的确有点吃不消。

她的失眠症和梦游症越来越严重了，身体也愈发僵硬。她甚至让女仆席琳把自己绑在床上，或者注射一剂镇定药。

她似乎愈发忙碌了，也许只有这样她才会稍微逃离病痛的折磨。

当清晨的第一缕阳光照射进来时，香奈儿就迫不及待地起床了。她洗完漱，穿好套装，戴好首饰，坐在梳妆台前，画好眉毛，涂上最鲜艳的口红，依旧是一个不怒自威的女王。

她说，当你心情低迷时，就多涂些口红，红色会给你无尽的勇气和永不消退的热情。

新的时装周又要来临了，每当这时，香奈儿就会斗志满满，不管何时，只要是战斗，她都要赢得漂亮。

她会忙到深夜，在万籁俱寂的时刻回到丽兹酒店，第二天照常起来工作。

每逢周末，她也会去郊区的拉雪兹墓地走一走。一如她童年时，在奥佛涅的公墓流连忘返，这里，总能让她的心无比平静。

在这里，她会想起那些离她而去的朋友，在脑海里勾勒他们意气风发的模样。

其实她明白，自己可以永远年轻，永远20岁，但生命总会走到尽头。

她为自己在洛桑买了一块墓地，她喜欢那儿，喜欢那里的平静祥和，与世无争，而她这一生几乎一直在战斗。

她开始考虑自己的遗产问题，为此雇了一名律师——罗贝尔·巴丹特尔，他也是香奈儿的朋友。她没有孩子，也没有信赖的亲人和助手，但她需要一个可靠的人来打理她的帝国，罗贝尔知道香奈儿的顾虑，为她进行了规划，但计划还未实施，意外就先到来了。

1971年1月10日，一切尘埃落定。

在香奈儿生命中的最后几个月，她常常流连于康鹏街，也不曾停下过手中的工作，除了周末。

而在一个周末，她与世长辞了，也许上帝希望她停下来，好好休息。

那一天是新年过后的第一个周日，香奈儿感到了前所未有的疲惫，尽管在前一天她还强硬地命令助手跟她一起加班。

但现在，她真的累了。

不过她还是精心打扮了一番，为了见一个朋友。临别时她还说自己明天要继续准备时装展。

归来，她让司机开了车，带着她漫无目的地穿梭在巴黎的每个街道，就像多年前观看《茶花女》的那个晚上。

她无力地靠在座椅上，回想着自己的一生。窗外的风轻轻地抚摸着她不再年轻的脸庞，一如爱人般温柔。

曾经，她讨厌追忆过往的时光，因为只有孤独寂寞和百无聊赖的人才会对过去念念不忘，而现在，她的确只是一个孤单的老人。

巴黎，这座城市承载了她太多的记忆。这里成就了她的事业，塑造了独立的可可，给了她一段又一段缠绵悱恻的爱情，开启了她的艺术之旅。

这样想着，她的眼眶竟有些湿润了，她很少哭，也不经常笑。

晚上8点，香奈儿踏着月色回到了丽兹酒店。也许是太累了，她没有脱衣服就已沉沉睡去，而在此之前她还盘算着明天的工作。

突然，寂静的夜空被一声尖叫打破，"我无法呼吸了……"

仆人席琳冲进来，打开了窗户，并为她注射了一剂吗啡。是的，每个不眠的晚上，香奈儿都要借此入睡。

这次，香奈儿并没有很快睡着，她不停地抽泣，泪流满面地说："他们掐住了我的脖子。"

席琳给医生打完电话，在一旁不停地安抚着她，过了一会儿，哭泣声渐渐停止了。

然而医生到时，香奈儿已经平静地离开了……

香奈儿的侄外孙女小嘉柏丽尔为她操办了葬礼，在康鹏街不远处的玛德莲教堂举行了追悼会。

灵枢上铺满了白色的鲜花，被放在玛利亚圣像之下，沐浴着神圣的光辉。

巴尔曼、圣·罗兰……那些跟她斗争或者没有斗争过的同行出席了，他们静静地站在那里，眼眸低垂，似乎在怀念一个要好的老朋友。

香奈儿的朋友们、亲人也都来了，他们捧着洁白的鲜花，致以最沉重的哀悼。

模特们不约而同地穿着香奈儿套装，排起了长队，为她们苛刻却无所不能的女王送行。

白色的床单，白色的衣裙，白色的山茶，就这样香奈儿走完了最后一程。

她曾告诉管家，若她走了，请将她带回洛桑，别人问起时，就说："这是香奈儿小姐，她要长久地休息了……"

依照她的嘱咐，洛桑的墓地里多了一块石碑，上面刻着"Gabrielle Bonheur Chanel"（加布里埃·香奈儿）和她的出生日期，除此之外，只有一个十字架和五头狮子。

这就是香奈儿，就连墓碑的风格也是如此的简单。

真正的死亡是世界上再没有一个人真正记得，而香奈儿只是静静地睡着了，她的一生依旧是人们心目中的传奇。

曾经，在修女院的高墙下，她内心的黑暗被山茶的芬芳照亮；

曾经，她告诉自己，人生要自己掌控；

曾经，她住在富饶的庄园，却从茶花女的一生中看到了自己的影子；

曾经，她与卡佩尔相恋相知，将彼此印入骨髓；

曾经，她站在时装帝国的最高处，俯瞰群臣；

曾经，她渴望和平，也不惧战争；

曾经，她去往花的世界寻觅香气的灵感，缔造了香水神话；

曾经，她触摸钻石的光芒，将巴黎的星空披在了所有女人的身上；

曾经，她挣脱安逸，烈焰红唇，环佩叮咚，盛装归来；

曾经，她满披风霜而来，路过人间洒落光芒，而今她已去往天堂……

也许，她穿过命运的隧道，已然落入那个印度人的瞳孔之后的永恒之地，和卡佩尔再次深情相拥。他们亲密无间，了无遗憾。

在安息日告别了世界的香奈儿将成为人们心中永久的思念，亦如她的风格和精神，永远地留存于世间，一代又一代，生生息息，轮回不止……

永远延续的风格

卡尔·拉格斐曾说过："香奈儿不是一种托词或者借口，是一个起点，是精准呈现时代精神的一条康庄大道。"

1971年，"本世纪最伟大的设计师，可可·香奈儿小姐与世长辞"这一消息成了年度最令人感慨唏嘘的新闻。

尽管她是一个活在年龄之外的人，也不得不向生命妥协。

她87岁那年，面对记者的问题"您到底多少岁了"，她有些赌气似的："我希望自己是多少岁就是多少岁，也许，我永远20岁，又或者，我永远100岁。"

而现在，香奈儿衰弱的身体已然归寂于一方净土，但她的风格却永远延续。

1971年1月25日，康鹏街新年过后第一场时装展拉开了帷幕，比以往的2月5日提前了10天，这无疑是为了向香奈儿致敬。

而这次时装展亦是香奈儿生前最大的遗憾。为了这次时装展，她拖着病弱的身躯一次次修改、整理她的服装，甚至在去世前一天还忙得不可开交。

然而，最终，她缺席了。

于是，这次的时装展处处充满着温情的回顾，充满着对香奈儿的追思。

她的身影不曾出现，她的气息却弥漫全场，她的风尚依然在人们心间荡起了层层涟漪。

浅色花呢外套、脚踝礼服、定制套装、毛衣……一系列经典服饰轮番上场，向人们展示着香奈儿的时尚精神。

模特们也不似以往，发型各异，她们毫无例外地将头发挽起，用黑色蝴蝶结装饰，这似乎是一种内敛而意义深重的悼念。

展会结束，掌声雷动。有的人似乎还在不经意地向四处张望，似乎在期盼着那个身影依旧如同之前那样走下来向观众致谢。

这次，他们再也没有等到。人们这才意识到，香奈儿真的离开了，连她最爱的事业都不要了。

香奈儿品牌该何去何从，她的时装公司又该怎样发展，不少人都很好奇。

实际上，香奈儿去世之后，她的公司已归属威泰莫家族，负责人出面表示一切仍将继续。

皮埃尔的儿子雅克·威泰莫接手之后，一直中规中矩地经营着服装公司的生意，虽无大作为，却也没有大失误。

而雅克的儿子阿兰则继承了祖父的经营天赋，他精明能干，做事缜密，在生意方面的才能远远超过了自己的父亲。

后来，阿兰成了香奈儿公司的接班人。当时，年轻气盛的阿兰，并没有什么管理经验，但具有敏锐的商业嗅觉。

他先将香奈儿从杂乱的领域中撤下，重新定位为高端低调、奢华有内涵的品牌。

之后，他一直扮演着香奈儿品牌的护花使者角色，致力于打假，以保护香奈儿的名誉与声望。

1980年，阿兰聘用了资深管理人凯瑟琳·达林西奥。她的到来，使得香奈儿公司的发展更上一层楼，更重要的是，她为香奈儿公司挖来了设计师卡尔·拉格斐，也就是后来香奈儿的掌门人"老佛爷"。

这个扎着小辫子的男人似乎就是香奈儿的另一个版本，而他的存在就是为了继承香奈儿的衣钵。

达林西奥在一次谈话中解释了她选择拉格斐的原因："我一直都在关注他，他非常有才华，对设计有很独特的见解和感觉。"

尽管如此，外界还是对选择拉格斐作为香奈儿公司的设计师持怀疑态度，甚至一度认为他的个性气质与香奈儿并不挨边。

不过，拉格斐可不在意这些。他一进香奈儿公司就努力工作，埋头研究服装，大有"两耳不闻窗外事"的架势。

他不着急设计，而是先将香奈儿曾经设计的衣服研究了个透彻，甚至于将每个细节都了然于胸。在他看来，只有深谙香奈儿的设计理念和思想，才能更好地将她的风尚和精神发扬光大。

事实证明，他的努力方向是正确的。

1983年，在香奈儿公司工作仅两年的时间，卡尔·拉格斐便坐上了首席设计师之位，这亦是对外界质疑的无声而最有力的回击。

当然，传奇的人物背后都有着不为人知的辛酸和苦难，而他们总要经历诸多的磨炼与考验，才能到达让别人仰望的高度。

1933年，卡尔·拉格斐出生于德国汉堡市一个普通家庭。他14岁时，举家迁居时尚之都法国巴黎。

学生时代的卡尔·拉格斐平平无奇，十分普通。但他对服装技艺十分痴迷，后来便去一家服装店做了学徒。

这时候，正是香奈儿东山再起之后重造辉煌的阶段，拉格斐对这位已七十多岁的女人推崇备至，无限敬佩。

但是，拉格斐的才能始终没有显现出来。他喜欢设计，喜欢服装，却又不被认可，不被注意，他陷入了无尽的矛盾之中。

这之后，他度过了一段郁郁不得志的岁月，但他并没有放弃自己的梦想：设计一切与时装有关的东西，成为引领潮流的设计师。

也许是上天在故意磨炼他。20世纪60年代，已经30多岁的拉格斐才迎来了梦想的春天：他的设计才能逐渐显现，继而迸发出无限的灵感。

他与香奈儿一样崇尚简洁自由，注重实用性。同时，他还会在设计中加入创新：单扣手套镶上了扑克牌的图案，印花布上印上数学方程式符号，丝质扇面和阳伞上印有花样，饰珠上的柯洛斯标签缝制在礼服上作为镶边……他思维跳跃，不循规蹈矩，那些戏剧性的设计令人惊讶，却受到了女性的喜爱。

后来，他被看中，进了香奈儿公司。

这个被称作时尚界恺撒大帝的男人的到来，让香奈儿起死回生，并且永远屹立。

他与香奈儿一样，是一个复杂的矛盾体，既有着顽强的意志，又有着细腻柔软的心思；既可以喜欢声名鹊起的繁盛，亦可以享受孤独淡然的境遇；既喜欢用复杂精致的装饰，又倾心于简洁如初的风格……

他懂得香奈儿，也懂得她的设计。小黑裙的精髓，白礼服的风情，针织衫的魅力，花呢套装的气质，他都深谙于心。

也许，只有这样的人才能将香奈儿延续——"像她又不是她，与众不同，独一无二"。

2009年，在威尼斯丽都海滩，"香奈儿"发布了早春度假系列时装秀。

彼时，香奈儿早已沉睡多时，但她曾经为威尼斯风情倾倒的模样一直留存于她的作品当中。

老佛爷将展会地点选于此，是在重温过去，亦是让威尼斯的艺术风格更完美地存在于未来。

在2009—2010年的早春度假展中，香奈儿喜欢的威尼斯元素在作品中被无限放大。老佛爷将那些从经典电影、著名人物以及独特的绘画手法中提取的能够代表威尼斯文化与风情的元素都融入了系列设计中。

从2002年开始，老佛爷就制订了这样的计划：每一年选择一个城市，将香奈儿与当地的传统手工艺技术相结合，推出香奈儿高级手工坊系列。

这是对香奈儿最真切的缅怀，也是对香奈儿风格最好的延续。

2014年巴黎春夏时装周，老佛爷的香奈儿备受瞩目。人们好奇，这一次他将会带来什么样的惊喜，又或者，他将塑造一个怎样的香奈儿？

除了经典的黑白之外，老佛爷大胆加入了其他鲜艳的色彩。这一创新之举不仅没有破坏黑白的纯粹与和谐，反而为香奈儿风格注入了新的活力。米色长裙、黑色的外套、白色的夹克，还有香奈儿一生最爱的山茶花都是这一季的精髓。

卡尔·拉格斐告诉人们，可可·香奈儿虽然已经离去，但是属于香奈儿的传奇并不会停止。

阿兰和拉格斐将"香奈儿"演变成了一个更具商业价值、名副其实的高端奢侈的品牌，影响力遍布全球。

有人说，拉格斐与香奈儿太像了，他们同样出身卑微，但梦想远大；他们同样非专业出身，却痴迷于设计本身；他们同样特立独行，思想超前；他们同样神秘莫测，难以琢磨……

也有人说，拉格斐让香奈儿的时尚更具活力与价值，是对其精神最好的继承……

　　但是，不管怎样，香奈儿所创造的风格是永恒的。她对时尚的态度、见解、品味都深深地影响着这个品牌，而拉格斐也从未想过改变。

　　她是他的前身，他是她的延续，而他们都是香奈儿。

香奈儿简历

1883年，香奈儿出生于法国的索米尔。

1889年，她6岁时母亲离世，父亲丢下她和4个兄弟姐妹。

1905年，22岁那年，她当上"酒吧歌手"。

1910年，香奈儿在巴黎开设了一家女装帽店子。

1914年，可可·香奈儿开设了两家时装店。

1921年，香奈儿推出Chanel No.5香水。

第二次世界大战期间，香奈儿与心上人避居瑞士。

1954年，香奈儿重返法国，决心东山再起。

1971年1月10日，香奈儿在巴黎去世，享年88岁。